KB129986

감정사분면

감정사분면

초판 1쇄 2018년 06월 15일

지은이 김영석
발행인 김재홍
교정·교열 김진섭
마케팅 이연실

발행처 도서출판 지식공감
등록번호 제396-2012-000018호
주소 경기도 고양시 일산동구 견달산로225번길 112
전화 02-3141-2700
팩스 02-322-3089
홈페이지 www.bookdaum.com

가격 13,000원
ISBN 979-11-5622-383-2 03120

CIP제어번호 CIP2018017114
이 도서의 국립중앙도서관 출판예정도서목록(CIP)은 서지정보유통지원시스템 홈페이지(http://seoji.nl.go.kr)
와 국가자료공동목록시스템(http://www.nl.go.kr/kolisnet)에서 이용하실 수 있습니다.

김영석 지음

감정사분면

본인의 감정을 제어하고, 타인의 감정에 상처를 주지 않는

감정의 지배자가 되는 방법을 안내한다!

지식공감

프롤로그

사람은 다른 사람을 피해서 살 수가 없다. 살다 보면 어차피 다른 사람을 만나게 된다. 지금 내가 편안히 누리고 있는 모든 혜택들은 이 다른 사람들이 만들어준 것이다. 살아가는 데 절대적으로 필요한 의식주인 입고, 먹고, 자는 데 필요한 모든 도구와 물건들조차도 모두 다른 사람들이 만들어 준 것이다. 의외로 내가 직접 만든 것은 거의 없다.

이 세상에 없는 것 3가지는 공짜, 정답, 비밀이다. 즉, 세상에 공짜는 없다. 그러므로 나에게 많은 혜택을 주는 다른 사람들을 위해서 나도 무언가를 해야 한다. 혜택을 주고 받는 것은 모두 인간관계 속에서 이루어진다. 인간관계 속에서 우리는 다른 사람들을 위해서 무언가를 하고, 그 대가로 혜택을 받을 수 있는 권리를 얻는다. 그 권리가 바로 '돈'이다. 그러므로 일을 해서 돈을 벌어야 하는데, 일하는 데 있어서 원만한 인간관계는 필수적이다.

인간관계는 사람을 만나는 것부터 시작하는데, 만나는 사람들을 유형별로 나누면 적대적인 사람과 우호적인 사람, 강자와 약자로 나눌 수 있다. 이 두 가지가 서로 섞이면 총 4가지 유형의 사람으로 나누어진다.

적대적 강자, 적대적 약자, 우호적 강자, 우호적 약자이다. 사람들을 만나면서 사람 유형에 따라 각기 다른 다양한 감정들이 발생한다.

이 책에서 총 취급되는 감정은 모두 23가지이다. 어떤 감정들은 서로 대처 방법이 같은 경우도 있어, 각 감정에 대한 대처법은 23가지보다 다소 적은 20가지이다. 이 20가지 감정대처법을 대면하는 4가지 유형의 사람에 따라 4분면표로 정리한 것이 바로 감정사분면이다.

세상에 없는 것 3가지 중에 또 다른 하나가 '정답'이다. 즉, 세상에 정답은 없다. 감정사분면에서 각 감정에 대한 대처법은 100% 정답이 아니다. 그저 저자가 연구한 인간관계를 잘하기 위한 하나의 방법일 뿐이다. 독자들이 나름대로 연구하여 대처법을 다르게 변경하여도 된다. 그러나 대처법을 만들 때, 지켜야 할 것이 있다. 그것은 감정이 원하는 대로 만들지 말라는 것이다. 사람은 싫은 감정은 없애려고 하고, 좋은 감정은 계속 가지고 싶어한다. 그에 따라 행동이 발생하는데 이 행동은 타인에게 좋든, 나쁘든 어떤 영향을 끼치게 된다. 그런데 감정이 원하는 방향으로 대처법을 만들어 행동하면, 본인의 감정은 해소될 수 있어도 타인에게는 나쁜 결과가 올 수 있다.

이 세상에 없는 것 중 마지막은 '비밀'이다. 즉, 세상에 비밀은 없다. '미움'의 감정을 다스리지 못해 비난하고 다니다 보면, 언젠가는 그 말이 그 사람의 귀에 들어간다. '분노'의 감정을 다스리지 못해 감정의 노예가 되어 마구 화를 내다가 타인에게는 지울 수 없는 상처를 주고 본인은 그동안 쌓아온 공든 탑을 무너트린다. 또 어떤 사람은 '슬픔'의 감정을 이기지 못해 자살하기도 한다. 세상에 비밀은 없기 때문에, 감정대로 사는 사람인지 감정을 관리하며 사는 사람인지는 결국 주위 사람들이 다 알게 되므로, 감정은 적절히 관리하지 못하면 인간관계에 성공하기도 어렵다.

이 책은 감정사분면을 통해 생각을 바꿈으로써, 본인의 감정을 제어하고, 타인의 감정에 상처를 주지 않는 감정의 지배자가 되는 방법을 안내한다.

차례

Chapter 01
생각

올바른 생각이란 남에게 상처를 주지 않는 판단 방식을 가진 생각이라고 할 수 있으며, 올바른 인격은 올바른 생각을 가진 사람의 인격을 말한다. 리더의 조건은 올바른 인격, 지성과 리더십, 건강과 열정이다. 히틀러는 지성과 리더십, 건강과 열정은 갖추었지만, 올바른 인격이 결핍되어 많은 사람을 힘들게 하였다.

　　사람의 운명을 바꾸는 5가지 단어가 있는데 그것은 생각, 행동, 습관, 인격, 운명이다. 이 5가지 단어를 연결하면 미국의 저명한 심리학자 윌리엄 제임스의 다음과 같은 유명한 말이 된다. 생각이 바뀌면 행동이 바뀌고, 행동이 바뀌면 습관이 바뀌고, 습관이 바뀌면 인격이 바뀌며, 인격이 바뀌면 운명이 바뀐다. 이 말을 해석하면,

　　① 생각을 바꾼다 ⇨ ② 생각한 대로 행동한다 ⇨ ③ 그 행동을 자
　　주 반복한다(습관화) ⇨ ④ 인격이 바뀌면서 운명이 바뀐다

　　운명을 바꾸기 위해서는 우선 생각을 바꿔야 한다. 그러기 위해서 생각이란 무엇인지 알아보는 것이 필요하므로 이번 편에서는 생각에 대하여 알아본다.

생각 구성

생각은 의외로 복잡한 것이 아니다. 생각을 복잡하고 오묘하고 고귀한 것으로 여기면 답은 점점 멀어진다. 생각은 컴퓨터프로그램과 유사하다. 컴퓨터프로그램은

① 시시각각 변화하는 정보를 받아 – 입력장치(키보드, 마우스, 각종 센서)
② 규칙 및 저장데이터에 따라 판단하고 – 판단장치(CPU)
③ 판단한 내용을 저장한다 – 기억장치(하드디스크)
④ 결정을 내린다 – 출력(모니터, 프린터, 각종 출력장치)

생각도 마찬가지다.

① 시시각각 변화하는 정보를 받아 – 감각
② 욕망 및 경험에 따라 판단하고 – 욕망, 의식
③ 판단한 내용을 저장한다 – 기억
④ 결정을 내린다 – 감정, 행동

생각은 크게 5가지 구성요소를 가지는데 그것들은 감정, 감각, 의식, 욕망, 기억으로서 이 구성요소끼리 서로 신호를 주고받는 의식 활동이다. 감각은 입력장치이고, 욕망과 의식은 판단장치이고, 감정은 출력

및 입력장치로서 출력된 감정은 다시 의식의 입력으로 들어가고 의식은 행동을 유발시킨다.

'오욕칠정(五慾七情)'은 욕망은 5가지이고 감정은 7가지라는 말인데 7가지 감정은 '희로애락애오욕'이다. 감각의 대표적인 것은 오감이다. 시각, 청각, 후각, 미각, 촉각이다. 의식은 다양한 형태가 있다. 술에 취함, 마약에 취함, 수면, 졸림, 집중, 가위눌림, 뇌사, 놀람… 등등, 모두 의식의 다른 형태들이다.

생각 구성을 그림으로 만들면 다음과 같다.

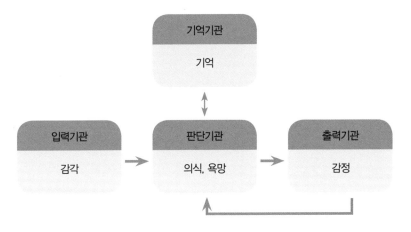

인간의 뇌는 우뇌와 좌뇌로 완전히 분리되어 있으며 우뇌와 좌뇌는 뇌량이라고 하는 끈과 같은 것들로 연결되어 있을 뿐이다. 우뇌는 좋다, 싫다를 느끼는 감정의 영역이고, 좌뇌는 맞다, 틀리다를 판단하는 이성의 영역이다. 감정은 속도는 빠르지만, 부정확하고 이성은 속도는 느리지만 정확하다. 인간은 두뇌용량이 커짐에 따라 동물들과는 달리 감정에만 의존하지 않고, '이성'을 가지게 되었다.

'이성'이란 고차원 저장정보를 다시 꺼내, 감각기능이 받아들인 정보와 비교하고 판단하는 의식활동이다. 이성은 저장된 고차원 정보를 불러들이면서 판단처리를 하다 보니, 속도는 감정보다 느리지만 정확도는 뛰어나다. 생각은 다른 말로 사고인데, 감정의 영향을 많이 받는 감정적 사고와 이성의 영향을 많이 받는 이성적 사고가 있다. 인간관계를 잘 이끌어 나가려면, 이성적 사고를 하여야 할 것이다. 생각을 구성하는 요소는 감정, 감각, 욕망, 의식, 기억이다. 그런데 이 요소들이 항상 올바른 생각을 만들어 내지 않는다. 그러므로 각 요소들을 무조건 믿고 그에 따라 생각과 행동을 하는 것은 잘못된 것이다.

····

감정

사람에게는 오욕칠정이 있다. 칠정은 인간이 가지고 있는 7가지 기본 감정으로서, '희노애락애오욕'이다. 그런데 감정은 실제 7가지가 아니라 23가지로서 '황욕공미죄치 통염혐급노오멸 애질독애담 루희락측안'이다. 각 감정별로 의미는 다음과 같다.

'황'은 공황

'욕'은 저항이 불가능한 상황에서의 공포

'공'은 저항이 가능한 상황에서의 공포

'미'는 미안함

'죄'는 죄를 지었을 때의 감정

'치'는 수치

'통'은 신체적 극심한 통증

'염'은 신체적 약한 통증

'혐'은 혐오감

'급'은 조급함

'노'는 분노

'오'는 미움

'멸'은 멸시

'애'는 사랑

'질'은 질투

'독'은 외로움

'애'는 슬픔

'담'은 부담감

'루'는 지루함

'희'는 기쁨

'락'은 즐거움

'측'은 측은감

'안'은 편안함

각 감정들은 신체적 상태 또는 욕망 충족도에 따라 다르게 발생된다. 욕망 충족도가 크면 '기쁨' 감정이 발생하고, 욕망 충족도가 작으면 '슬픔' 감정이 발생한다. 예를 들어 욕망 중에서 물질욕이 충족되지 않는다면 '슬픔' 감정이 올 것이며, 성욕이 충족되지 않는다면 '분노' 감정이 올 수 있다.

감정은 전환이 가능하다. 다른 사람의 잘못을 보고 화가 났는데, 나의 더 큰 잘못을 뒤늦게 깨달은 경우에 분노가 수치로 바뀐다. 수치 감정 상태에서 억지로 분노 감정을 일으키는 사람도 있다. 본인의 잘못은 무시하고, 타인의 잘못을 탓하는 비도덕적 정신활동으로서 분노 감정으로 수치 감정을 없애려고 하는 것이다.

오감을 통하여 들어오는 정보인 감각을 과거 정보인 기억과 비교하여 나에게 좋은 것인지 나쁜 것인지를 빠르게 결론지어 즉각적으로 대처할 수 있게 하는 것이 감정이다.

감정 속도가 빠르게 나오는 동물은 자연진화론의 적자생존에 입각하여 지구상에 지금까지 생존하는 것이다. 현재 우리들은 그들의 후손이다. 그러므로 어떤 상황을 접하였을 때, 이성보다는 감정이 앞서게 된다. 그러나 인간을 지구에서 살아남게 만든 이 감정이 현재는 오히려 원활한 인간관계를 방해하고 있다.

감정은 상황을 파악하는 속도는 빠르지만, 정확성은 떨어진다. 현대의 인간세계에서 속도는 그렇게 중요하지 않다. 국가, 군대, 경찰, 공무원 등에 의하여 안전을 보장받고 있기 때문이다. 인간관계에서 승리하기 위해서는 인간관계라는 싸움터에서 적이 누구인지 알아야 한다, 지피지기면 백전백승이다. 적이 누구인지 알고, 내가 누구인지 알면 싸움에서 이긴다는 말이다. 그렇다면 인간관계 싸움터에서 도대체 적은 누구인가? 적은 바로 나의 '감정'이다.

분노라는 감정의 경우를 생각해보자. 분노가 일었을 때, 나를 분노하게 만든 사람을 우리는 보통 적이라고 생각한다. 그러나 적은 그 사람이 아니다. 적은 나의 감정, 바로 나의 분노이다. 일단 나의 감정이 적이라는 사실을 알면 인간관계 싸움터에서 50%는 이기고 들어간다.

당구에서 공들이 서로 규칙에 맞게 움직이려면 첫 번째 공을 잘 쳐야 한다. 이 첫 번째 공이 움직여 두 번째 공을 치는 것이다. 두 번째 공을 바라보고 치면, 아예 첫 번째 공을 제대로 못 맞추게 된다. 그래서 시선과 관심은 첫 번째 공에 있어야 한다. 감정관리도 마찬가지이다. 당구의 두 번째 공에 해당되는 것은 내 앞에 서있는 사람이다. 첫 번째 공은 나의 '감정'이다. 그러므로 사람을 이기려고 하지 말고, 내 자신의 '감정'을 이기려고 하라. 따라서 감정이 시키는 대로 그대로 생각하고 행동하는 것은 잘못된 것이다.

· · · ·

감각

감각기관의 대표적인 감각은 오감이다. 오감은 시각, 청각, 후각, 미각, 촉각이다. 감각은 실제로는 오감에 통각, 장각이 추가된다. 통각은 아픔이고, 장각은 배고픔, 배부름 등의 오장육부(五臟六腑)에서 발생하는 감각이다. 밤하늘의 보름달을 보면, 원으로 보인다. 실제로 달은 원이 아니라 축구공과 같은 구이다. 일출이나 일몰에 태양을 보면 태양을 눈으로 볼 수 있는 경우가 있다. 이때 태양은 원으로 보인다. 그러나 역시 태양도 구이다. 지름으로 대략 비교하면, 태양은 지구의 100배이고, 달은 지구의 1/4이다. 그런데 실제로 하늘을 보면 태양과 달이 비슷한 크기로 보인다. 그 이유는 태양은 달보다 아주 멀리(약 400배) 떨어져 있기 때문이다.

인간은 태양과 달을 같은 크기로 보고, 또 원으로 보는 착각 2가지를 동시에 하고 있듯이, 실생활에서 다른 감각기관들도 착각을 많이 한다. 따라서 감각을 그대로 믿고 생각하고 행동을 결정하는 것은 잘못된 것이다.

· · · ·

의식

의식에는 다양한 형태가 있다. 꿈, 가위눌림, 깊은 생각에 빠져 있을 때, 뇌사, 술 취한 상태, 우울함 등등.

─ 술에 취함

술에 취하면 감정 중에서 공포의 감정이 줄어들어 맨정신에 못하던 대범한 행동을 하게 된다. 술의 힘을 빌려 노래를 부르거나 발표를 하는 행위를 예로 들 수 있다. 이성의 영역인 좌뇌의 기능이 술에 마비되어 나타나는 행위로 여겨진다.

─ 꿈

꿈은 의식에서 외부의 상황을 감지하는 감각이 끊어진 상태이다. 외부적인 정보를 오감을 통하여 받아 뇌에 전달하는데 이 경로가 끊어지게 되면 자기만의 세계, 즉 꿈속에 사는 것이 된다. 꿈이란 꿈속에서 자기의 위치를 원하는 상상 속에 가져다 놓고 기억된 데이터를 활용하여 비디오테이프를 돌리듯이 배경을 변화시키면서 그 상황을 상상하며, 상상 속에서 판단과 감정이 발생하는 것이다.

― 집중

주변에 대한 인식을 거의 하지 못할 정도로 어떤 것을 깊이 집중하여 생각하고 있을 때가 있다. 나만의 세계 속에 있는 것이다. 꿈과 비슷한 상태라고 할 수 있다.

― 상상

현실 세계 속에 있을 때에도 실제로는 눈으로 본 정보들이 그 일부분들만 머릿속에서 인식된다고 한다. 나머지는 머리가 상상하면서 전체 모습을 그려내는 것이라고 한다. 이렇게 상상은 꿈속뿐만 아니라, 꿈에서 깨어 현실 속에 있을 때에도 뇌의 작동에 있어서 핵심 기능이라고 할 수 있다.

― 가위눌림

가위눌림은 수면 중 의식이 있는 상태에서 신체를 움직일 수 없는 상태를 말한다. 가위눌림에서 오감 중 일부 감각(청각 등)은 살아 있는 상태가 될 때도 있다.

― 뇌사

뇌사 상태는 의식이 전혀 없는 상태로 감정, 생각, 감각이 없어진 상태이다.

― 우울한 상태

우울한 상태에서는 같은 모습을 봐도 다른 사람과 다른 생각을 하게 된다. 부정적인 측면을 주로 생각하게 된다.

이렇게 다양한 형태의 의식 상태가 있다. 잠이 들면, 의식이 없어지고, 잠에서 깨어야, 다시 의식이 생긴다. 내가 죽으면 나의 의식은 어디로 가는 것일까? 종교에서는 다른 세상으로 가는 것으로 규정하고 있지만, 과학적인 개념으로 본다면, 잠잘 때 의식이 없어지듯이, 죽으면 당연히 의식은 사라진다.

자~ 그럼, 의식이란 도대체 무엇일까? 의식이란 자기 자신과 세상을 구분하고, 감각기관을 통하여 세상의 정보를 받아들이고 판단 처리하는 과정이다.

인공지능이 많은 사람들에게 관심을 불러일으키고 있다. 인공지능에는 강인공지능과 약인공지능이 있다. 강인공지능은 의식이 있는 것이고, 약인공지능은 의식이 없는 것이다. 감각, 기억, 감정, 판단을 컴퓨터언어로 프로그램화시켜 서로 네트워크로 작동되게 만들 수 있다면, 의식이 있는 강인공지능을 만들 수 있게 될 것이다.

인공지능에서 특이점이라는 말이 있다. 특이점은 강인공지능이 만들어지는 시점을 말한다. 그런데 특이점에서 강인공지능이 악마 인격을 가질 수도 있고, 예수, 부처와 같은 성인 인격을 가질 수도 있고, 일반인의 인격을 가질 수도 있다. 만약 강인공지능이 악마 인격을 갖고 태어난다면, 그 막강한 파워 앞에 인간은 멸종되든지 또는 멸종되지 않더라도 미래는 아주 암울하게 될 것이다.

인간은 긍정적 측면보다, 부정적 측면을 먼저 의식하는 경향이 있다. 그 이유는 자연진화론에 따라 사자, 호랑이 등의 생명을 위협하는 적대적 존재에 대한 의식과 같은 부정적 의식이 강한 자들이 지구상에 살아남았고, 우리는 그들의 후손이기 때문이다. 그러므로 어떤 상황을 접하였을 때, 긍정적 측면이 더 큰 데도 부정적 측면을 먼저 보는 것이다. 따라서 의식하는 그대로 생각하고 행동을 결정하는 것은 잘못된 것이다.

욕망

사람에게는 오욕칠정이 있다. 오욕은 인간이 가지고 있는 5가지 기본 욕망으로서, '수식색명재'이다. 여기서 '수'는 수면욕, '식'은 식욕, '색'은 성욕, '명'은 명예욕, '재'는 재물욕이다. 그런데 인간에게는 실제로 10욕이 있는데 그것은 '생식배휴성물명권락지'이다.

'생'은 살고자 하는 욕망

'식'은 식욕

'배'는 배설욕

'휴'는 휴식욕

'성'은 성욕

'물'은 물질욕

'명'은 명예욕

'권'은 권력욕

'락'은 즐기고자 하는 욕망

'지'는 배우고자 하는 욕망

욕망은 선과 악의 판단을 흐리게 하고, 욕망을 충족시키기 위하여 법에 위배되는 행동을 하기도 한다. '내로남불'이라는 말이 있다. 다른 사람이 바람을 피는 것을 보고 나쁘다고 판단하다가, 정작 성욕 충족을 위하여 본인이 바람을 피울 때는 '로맨스'라는 말로 자기합리화를 하게 되는 것을 뜻한다. '예쁘면 다 용서된다'라는 말도 있다. 이것도 일반적으로 사람들이 '성욕'이라는 욕망에 의하여 잘못된 판단을 한다는 것을 풍자한다. 따라서 욕망에 따라 생각하고, 행동하는 것은 잘못된 것이다.

· · · ·

기억

기억도 왜곡되어진다. 다단계 판매 회사는 직원을 채용하면 계속 교육을 시킨다. 교육 내용은 다단계 판매로 많은 돈을 벌 수 있다는 내용이다. 처음에는 믿지 않던 사람들도 나중에는 믿게 된다. 평소 이치에 맞지 않는 내용이라고 기억하던 내용이 이치에 맞는 내용이라고 수정되어 기억되게 된다.

주위 누구에게 아주 흥미진진한 이야기를 들었다. 그런데 그 이야기가 너무 흥미진진하여 오랫동안 기억에 남게 된다. 그런데 문제가 생긴다. 어느 날부터는 그 이야기가 남에게 들은 것이 아니고, 자기 본인의 이야기로 착각하게 된다. 따라서 기억을 100% 믿고 생각하고 행동하는 것은 잘못된 것이다.

Chapter 02
감정사분면

· · · · ·

감정사분면이란 내가 상대하는 사람을 적대적 강자, 적대적 약자, 우호적 강자, 우호적 약자로 나누고, 그에 따라 발생하는 감정 23가지 각각의 대처법을 정리한 것이다. 인간관계를 잘 이끌어 나가려면, 감정의 노예에서 벗어나, 감정의 주인이 되어, 감정을 다스릴 줄 알아야 한다. 즉, 감정의 노예에서 감정의 지배자로 바뀌어야 한다. 그러려면 생각을 바꿔야 하는데. 생각을 바꾸기 위해서는 이기고자 하는 욕심을 버려야 한다. 감정들은 완전히 없앨 수는 없다. 감정 수치를 내리는 것에 만족하여야 한다. 감정의 수치를 내리려면, 감정을 일으키는 대상을 보지 말고, 내 감정을 보는 것이 필요하다. 내 감정이 보이면, 그 감정에 대처하는 각각의 대처법들이 있는데 1개의 대처법만 가지고도 대항이 가능한 감정도 있고, 어떤 감정은 대항하기 위하여 총 4개의 대처법이 필요한 감정도 있다. 이러한 감정에 대항하는 대처법들을 감정근육이라고 칭한다. 감정근육은 모두 16가지로서 '버림', '포용', '시도', '즐김', '인내', '능동', '칭찬', '감사', '긍정', '공감', '결사', '인정', '사랑', '관망', '원원', '배려'이다.

〈스타크래프트〉라는 게임을 보면, 상대방 종족의 무기 상태에 따라, 그것에 대항하는 무기가 있다. 실제 전쟁의 경우에도 총알을 막는 것은 방탄복이다. 총알은 회전하기 때문에, 방탄복의 섬유가 총알에 휘감겨 회전력이 없어지며 걸리는 원리이다. 그러나 섬유로 된 방탄복은 창을 막지는 못한다. 창은 회전이 없이 찌르는 것이기 때문에, 섬유로는 막지를 못하는 것이다. 창을 막는 것은 방패이고, 총알을 막는 것은 방탄복이다. 감정도 마찬가지이다. 각 감정별로 대항하는 감정근육은 모두 다르다.

사람의 마음은 항상 2개로 나누어진다. 이기적인 마음과 이타적인 마음이다. 영화 〈반지의 제왕〉에서 나오는 골룸이란 등장인물은 항상 이 2가지의 마음속에서 방황하는 것을 볼 수 있다. 감정은 자기를 보호하기 위해 만들어진 것이기 때문에, 감정 속에 빠지면 이타적인 마음을 가질 수 없다.

"내가 하면 로맨스, 남이 하면 불륜"이라는 말이 있다. 이 말은 자기 입장에서 유리하게 생각한다는 뜻이다. 사람의 감정은 자기 자신을 위해서 발생하는 것이므로 태생적으로 이기적인 것이다. 사람이 법이 없으면 가장 먼저 하고 싶은 것이 무엇이냐는 질문에 1번이 '살인'이라고 한다. 이렇게 감정이 시키는 것은 이기적이면서 악한 것이다. 자연의 적자생존법칙에서 살아남기 위해서 마음속에 반사적으로 일으켜지는 감정에 따라 행동한다면 인격은 '악'한 방향으로 이동할 것이고, 그 감정이 시키는 것의 반대로 행동한다면 인격은 '선'한 방향으로 이동하게 되는 것이다. 그렇기 때문에 감정이 시키는 대로 행동하게 되면, 인간관계는 서로 충돌하는 형태를 띠게 된다.

우리 인간은 자아를 인식할 수 있는 능력을 가졌다. 이 능력으로 나의 육체만 인식하지 말고, 나의 감정도 인식하는 훈련을 하여 보자. 감정 속에 빠져 있지 말고, 나의 감정을 객관적인 입장으로 지켜본다. 그리고 앞으로 소개할 '감정근육'이라는 대처법들을 떠올리고, 대처법에 따라 행동한다. 감정근육은 감정이 원하는 것의 반대의 의미를 가지고 있다. 감정근육으로 생각하고, 행동하면, 충돌되는 인간관계를 융합되는 인간관계로 바꿀 수 있다.

감정사분면 구조

감정사분면 구조는 다음과 같다.

― 감정사분면

	적대적 (악)					우호적 (선)				
	황	욕	공미	죄	치	루	질	독	애	담
강자	결사	결사 인내	결사 시도 인내	결사 버림 포용 인정	버림 포용 시도 사랑 즐김	버림 포용 능동 긍정 공감	버림 포용 칭찬	버림 포용 시도	버림 포용 감사	버림 원원 즐김
	통	염혐	급	노	오멸	애	희	락	측	안
약자	인내	인내 포용	버림 포용 즐김	버림 포용 관망 시도	버림 포용 관망 긍정 공감	버림 포용 능동 배려 칭찬	버림 배려 칭찬	버림 배려 시도	버림 배려 감사	버림 배려 즐김

상기 감정사분면에 들어 있는 감정근육들을 반복횟수별로 정렬하면, 버림포용배려시도 / 결사인내즐김칭찬 / 관망긍정공감능동감사 / 인정 사랑원원 이다

해설 : 버림(15개), 포용(11개), 배려(5개), 시도(5개) / 결사(4개), 인내(4개), 즐김(4개), 칭찬(3개) / 관망(2개), 긍정(2개), 공감(2개), 능동(2개), 감사(2개) / 인정(1개), 사랑(1개), 원원(1개)

감정근육들을 적용 대상별로 정렬하면, 버림포용시도즐김 / 인내능동칭찬감사 / 긍정공감 / 결사인정사랑관망원원배려 이다.

해설 : 버림포용시도즐김(모두에 해당) / 인내(적대적대상에 해당), 능동칭찬감사(우호적대상에 해당) / 긍정공감(적대적약자에 해당, 우호적강자에 해당) / 결사인정사랑(적대적강자에 해당), 관망(적대적약자에 해당), 원원(우호적강자에 해당), 배려(우호적약자에 해당)

감정사분면은 총 5개의 사분면이 합쳐져서 구성된다. 가장 안쪽의 사분면부터 바깥방향으로 나열하면, 가치사분면, 행위사분면, 호감사분면, 자산사분면, 편안사분면으로 구성된다. 표로 만들면 다음과 같다.

― 감정사분면

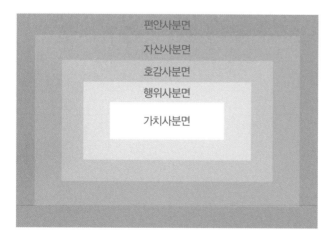

편안사분면
자산사분면
호감사분면
행위사분면
가치사분면

― 가치사분면

	적대적 (악)	우호적 (선)
강자	**치**	**루**
	버림	버림
	포용	포용
	시도	능동
	사랑	긍정
	즐김	공감
약자	**오멸**	**애**
	버림	버림
	포용	포용
	관망	능동
	긍정	배려
	공감	칭찬

― 행위사분면

	적대적 (악)	우호적 (선)
강자	**죄**	**질**
	결사	버림
	버림	포용
	포용	칭찬
	인정	
약자	**노**	**희**
	버림	버림
	포용	배려
	관망	칭찬
	시도	

─ 호감사분면

	적대적 (악)	우호적 (선)
강자	**공미**	**독**
	결사	버림
	시도	포용
	인내	시도
약자	**급**	**락**
	버림	버림
	포용	배려
	즐김	시도

─ 자산사분면

	적대적 (악)	우호적 (선)
강자	**욕**	**애**
	결사	버림
	인내	포용
		감사
약자	**염험**	**측**
	인내	버림
	포용	배려
		감사

─ 편안사분면

	적대적 (악)	우호적 (선)
강자	**황**	**담**
	결사	버림
		원원
		즐김
약자	**통**	**안**
	인내	버림
		배려
		즐김

· · · ·

선택

사르트르는 "인생은 BCD다"라고 하였는데 "인생은 Birth(탄생)와 Death(죽음) 사이에 Choice(선택)가 있다"라는 말이다. 사람은 눈을 감는 순간까지 수많은 선택을 하며 살아간다. 끊임없이 선택의 기로에 서게 되고, 그 선택에 따라 우리의 삶과 미래는 결정된다.

감정사분면이란 인간의 여러 감정들을 다양한 방법으로 나누어 각각의 감정별로 올바른 생각과 행동을 선택하게 하는 지침서이다. 지구상에 지금까지 살아남은 동물들은 모두 적자생존의 법칙에 따라 살아남았다. 적자생존의 법칙이란 이긴 자가 살아남는 법칙이므로, 인간은 어느 누구나 뼛속까지 모두 남을 이기려고 하는 본능이 숨어 있다. 그러므로 누구나 자기를 이기려고 하는 사람보다는 자기에게 져주는 사람을 좋아할 수밖에 없다. 감정사분면의 감정근육들은 져주는 선택에서 나온 감정대처법이다.

전쟁에서는 전략과 전술이 있다. 장군들이 전략을 세우면 그 전략에 맞는 세부적인 전술을 각 부대의 장교들이 세운다. 전략이 잘못되면 아무리 전술이 좋아도 전쟁에서 질 수밖에 없다. 전략이라는 방향이 잘못되었기 때문에, 열심히 하면 할수록 올바른 방향에서 점점 더 멀어지기 때문이다. 인간관계에서도 전략과 전술이 있다. 전략이 잘못되면 전술은 아무리 좋아도 인간관계는 실패하게 되어 있다.

잘못된 전략이란 상대방을 이기려고 하는 마음이다. 이런 사람들은 그저 그 당시의 상황에 따라 생긴 감정이 시키는 대로 말을 하게 된다. 감정이 시키는 말들은 남을 이기려고 하는 말들로 그 순간은 상대방을 이긴다. 그런데 상대방과 헤어지고 난 후, 상대방은 그를 좋게 보지 않아 다시 만나지 않으려고 하므로 이 인간관계는 실패한 것이다. 잘못된 전략에 의하여 나온 전술은 실패한 인간관계를 만들어 내는 것이다. 좋은 전략이란 상대방에게 져주려고 하는 마음이다. 이 전략에 의하여 나오는 전술은 상대방의 기분을 좋게 하여 주기 때문에 틀림없이 좋은 인간관계를 이끌어 낸다. 극복할 감정을 감정상대라고 하자. 감정상대는 총 23개이다. 그것들은 '황공미욕죄치, 통염혐급노오멸, 애질독애담, 루희락측안'이다.

감정상대를 번쩍 들어 던져 버리기 위해서는 근육들이 필요하다. 이 근육들이 감정근육이다. 감정근육은 이전에 기술한 바와 같이 버림, 포용, 능동, 시도, 배려 등등 총 16개가 있는데, 모두 져주기 전략에서 도출해 낸 단어들이다. 상황에 따라 시시각각 변화하는 감정들을 그 감정에 맞는 감정근육들을 잘 선택하여 활용하라.

— 선택

사례

어떤 남자가 저녁을 잘 먹고 집에서 자는 데 한밤중에 갑자기 배가 아팠다. 너무 배가 아파서 병원에 갔다. 병원의 의사가 장염인데, 장염이 너무 심해 창자에 구멍이 났으니, 빨리 수술해야 된다고 하였다. 평소 아프지도 않았기에 갑자기 수술해야 된다는 의사의 말에 충격을 받고, 잠시 진료실을 나와 담배를 피고 있는데, 의사가 또 오더니, "아니 지금 바로 수술 준비를 하지 않고 여기 밖에 나와 있으면 어떡합니까?"라고 책망하였다. 그 남자는 생각하다가 다른 큰 병원으로 가서 다시 진료를 받았다. 큰 병원에서는 간호사가 오더니, 장염이니까 주사 맞고 잠시 있다가 괜찮아 지면 퇴원하라고 하였다. 남자는 잠시 있으니까 정말로 배가 괜찮아져서 퇴원하였다. 만약 남자가 전의 병원에서 수술을 하는 선택을 하였다면, 돈도 건강도 잃어버리는 나쁜 결과가 될 수 있었다. 인생은 선택을 잘하여야 한다.

・ ・ ・ ・

버림, 포용

16개의 감정근육들 중에서 특별한 감정근육 2개가 있다. 그것은 '버림', '포용' 감정근육이다. 이 두 개의 감정근육을 묶어, 감정근육 세트라고 하면, 이 감정근육 세트는 무려 11개의 감정에 감정근육 역할로 들어 있다. 약방의 감초가 한약의 기본 약재이듯이, 에스프레소가 커피의 기본 재료이듯이 이 감정 근육은 다른 감정근육들이 제 역할을 잘할 수 있도록 도와준다. 용기없는 사람이 술을 마시고, 용기를 내는 것처럼, 용기없는 사람에게 용기를 주는 술의 역할도 한다.

자존심은 부정적 의미로 쓰이지만, 자존감은 긍정적 의미로 쓰인다. 자존심이란 자기 스스로를 존중하는 생각이고, 자존감이란 자기 스스로를 존중하는 감정이다. 즉, 자존심은 생각이고, 자존감은 감정이다. 그런데 생각보다는 감정이 강하다. 물론 생각이 감정을 바꿀 수도 있지만, 감정이 생각을 바꾸는 것이 더 압도적이므로 자존감을 키워야 한다.

사람이 살다 보면 계속 "좋다, 나쁘다, 잘했다, 못했다" 등의 평가를 남들로부터 수시로 받게 된다. 자존심이 강한 사람은 남들의 평가에 흔들거리지만, 자존감이 강한 사람은 남들의 평가에 흔들거리지 않는다. 남들이 아무리 나를 욕하고, 멸시해도 자존감이 강한 사람은 그것을 무시할 수 있다. 자존심 세계에서 평가주체는 남이고, 자존감 세계에서 평가주체는 자기이다. 평가를 남에게 맡길 것인가 자기가 할 것인가? 자존심 세계에서 살 것인가? 아니면, 자존감 세계에서 살 것인가? 이것은 선택의 문제이다.

이렇게 중요한 자존감을 키우는 방법이 있다. 그것은 '버림, 포용' 감정근육을 키우는 것이다. '버림, 포용' 감정근육은 감정사분면을 다시 특성별로 세부적으로 나눈 각 사분면에 들어 있는데, 들어 있는 개수는 아래와 같다.

> 가치사분면 : 4개
> 행위사분면 : 3개
> 호감사분면 : 2개
> 자산사분면 : 1개
> 편안사분면 : 0개

감정사분면의 구조상 바깥쪽으로 향할수록 '버림, 포용' 감정근육의 개수가 적어지는 것을 알 수 있다. 반대로 감정의 내면에 가까울수록 '버림, 포용' 감정근육이 많이 필요해지는 것이다.

해석하여 보면,

> ① 본인의 가치를 키운다 – 가치사분면
> ② 사회적 행위를 한다 – 행위사분면
> ③ 사람들로부터 호감을 받는다 – 호감사분면
> ④ 자산을 키운다 – 자산사분면
> ⑤ 편안한 삶을 누린다 – 편안사분면

─ 버림, 포용

내가 아무리 일을 잘해도 100점 만점이 될 수는 없다. 내가 진짜 일을 잘해서 99점이 되었을 때, 그 틀린 1점을 가지고 비난하는 사람이 있다. 이런 상황은 너무 화도 나고 사람을 힘들게 한다. 이때 써먹는 단어가 '버림, 포용'이다. '버림'으로 모든 것을 버릴 수 있는 자세로, 그 상황을 포용하는 것이다.

소장의 바로 아래 과장으로 근무할 때, 내가 모셨던 소장이 있다. 그 소장은 거의 입을 다물지 않는다. 혼잣말을 그렇게 하는 것이다. 이 혼잣말들은 대부분 부정적인 말들이다. "어떻게 하지~ 이렇게 하면 누가 이렇게 화를 낼 텐데~."

그 소장의 바로 앞에 내가 앉아 있었는데, 하루 일과가 너무 불안하고 초조하였다. 이 소장의 부정적인 혼잣말을 계속 들으면서 일을 하니 일도 되지 않았다. 이러한 소장에게 필요한 단어가 바로 '버림, 포용'이다. '버림, 포용'을 하면 모든 상황을 포용할 수 있기 때문에 마음이 편안해진다. 마음이 편안해지면, 이런 부정적인 혼잣말이 나오지 않게 되는 것이다.

감정 훈련

— 감정근육 순서

각 감정에 대항하는 감정근육 세트를 구성할 때, 그 순서가 있다. 예를 들면, 행위사분면의 '노' 즉 분노의 상태에서는 1번은 '버림'을 사용하여 나를 분노하게 하는 부분에 대한 마음을 버리고, 2번은 '포용'으로 나의 침해되는 부분에 대하여 포용한다. 3번은 '관망'으로 상대방과 나의 입장을 멀리 떨어져서 객관적으로 생각해보고, 그래도 되지 않으면 4번 '나전'을 '시도'하는 것이다. 여기서 '나전'이란 감정을 배제하고 나전달법을 사용하여 나의 입장을 전달하는 것이다. 맛있는 음식이 만들어지기 위해서는 음식 재료들을 순서에 맞춰서 요리하듯이, 감정근육도 순서가 있다.

— 외움 순서

각 감정 상태에서 빨리 그 감정을 극복하는 방법은 평소에 외워 두는 것이다. 외우는 순서는 크게는 가치, 행위, 호감, 자산, 편안사분면 순으로 외우고, 각 사분면 내에서는 2, 3, 1, 4분면 순으로 감정근육만을 외운다. 외울 때, 감정사분면 표 전체를 머릿속에서 그리면서 외우면 외우기가 쉽다. 이유는 기억할 때 시각화시키면 기억이 오래가기 때문이다. 아래에서 감정근육만 외운다.

- **가치사분면**

  구분내용 : 잘남, 못남

  2사분면 : 버림, 포용, 시도, 사랑, 즐김

  3사분면 : 버림, 포용, 관망, 긍정, 공감

  1사분면 : 버림, 포용, 능동, 긍정, 공감

  4사분면 : 버림, 포용, 능동, 배려, 칭찬

- **행위사분면**

  구분내용 : 잘함, 못함

  2사분면 : 결사, 버림, 포용, 인정

  3사분면 : 버림, 포용, 관망, 시도

  1사분면 : 버림, 포용, 칭찬

  4사분면 : 버림, 배려, 칭찬

- **호감사분면**

  구분내용 : 좋음, 싫음

  2사분면 : 결사, 시도, 인내

  3사분면 : 버림, 포용, 즐김

  1사분면 : 버림, 포용, 시도

  4사분면 : 버림, 배려, 시도

- **자산사분면**

  구분내용 : 부유, 빈곤

  2사분면 : 결사, 인내

  3사분면 : 인내, 포용

  1사분면 : 버림, 포용, 감사

  4사분면 : 버림, 배려, 감사

- 편안사분면
  - 구분내용 : 편안, 불편
  - 2사분면 : 결사
  - 3사분면 : 인내
  - 1사분면 : 버림, 원원, 즐김
  - 4사분면 : 버림, 배려, 즐김

감정사분면을 다른 방법으로도 외워야 한다. 그래야 감정사분면 전체가 완벽히 머릿속에 입체적으로 자리를 잡을 수 있다. 외우는 방법은 2, 3, 1, 4 사분면 순으로 외운다. 감정사분면 표 전체를 마음속에 그리면서 외운다. 아래에서 감정근육만 외운다.

- 2사분면
  - 대표 단어 : 결사
  - 대상 : 적대적 강자
  - 황 : 결사
  - 욕 : 결사, 인내
  - 공미 : 결사, 시도, 인내
  - 죄 : 결사, 버림, 포용, 인정
  - 치 : 버림, 포용, 시도, 사랑, 즐김

- 3사분면
  - 대표 단어 : 포용
  - 대상 : 적대적 약자
  - 통 : 인내
  - 염, 혐 : 인내, 포용
  - 급 : 버림, 포용, 즐김

노 : 버림, 포용, 관망, 시도

오, 멸 : 버림, 포용, 관망, 긍정, 공감

- 1사분면

  대표 단어 : 버림

  대상 : 우호적 강자

  루 : 버림, 포용, 능동, 긍정, 공감

  질 : 버림, 포용, 칭찬

  독 : 버림, 포용, 시도

  애 : 버림, 포용, 감사

  담 : 버림, 원원, 즐김

- 4사분면

  대표 단어 : 배려

  대상 : 우호적 약자

  애 : 버림, 포용, 능동, 배려, 칭찬

  희 : 버림, 배려, 칭찬

  락 : 버림, 배려, 시도

  측 : 버림, 배려, 감사

  안 : 버림, 배려, 즐김

이번에는 감정을 외우는데. 감정사분면 표 전체를 시각화하면서 우선 사분면 종류를 외운다. 아래에서 사분면 이름만 외운다.

사분면 : 가치 ⇨ 행위 ⇨ 호감 ⇨ 자산 ⇨ 편안

다음으로는 성질적 구분의 사분면별로 외운다. 아래에서 감정만 외운다.

- 성질적 구분의 사분면별 해당 감정
  가치 사분면 : 치, 오, 멸, 루, 애
  행위 사분면 : 죄, 노, 질, 희
  호감 사분면 : 공, 미, 급, 독, 락
  자산 사분면 : 욕, 염, 혐, 애, 측
  편안 사분면 : 황, 통, 담, 안

다음으로는 수학적 구분의 사분면별로 외운다.

- 수학적 구분의 사분면별 해당 감정
  2사분면 : 황, 욕, 공, 미, 죄, 치
  3사분면 : 통, 염, 혐, 급, 노, 오, 멸
  1사분면 : 루, 질, 독, 애, 담
  4사분면 : 애, 희, 락, 측, 안

아래는 감정대상별로 구분한 감정이다. 이것은 외울 필요가 없다.

- 감정 대상별 해당 감정
  강자 대상 : 황, 욕, 공, 미, 죄, 치, 루, 질, 독, 애, 담
  약자 대상 : 통, 염, 혐, 급, 노, 오, 멸, 애, 희, 락, 측, 안
  적대적 대상 : 황, 욕, 공, 미, 죄, 치, 통, 염, 혐, 급, 노, 오, 멸
  우호적 대상 : 루, 질, 독, 애, 담, 애, 희, 락, 측, 안

- 반복 횟수별 감정근육
  15회 반복 : 버림

11회 반복 : 포용

5회 반복 : 배려, 시도

4회 반복 : 결사, 인내, 즐김

3회 반복 : 칭찬

2회 반복 : 관망, 긍정, 공감, 능동, 감사

1회 반복 : 인정, 사랑, 원원

• 감정 대상별 감정근육

모두 : 버림, 포용, 시도, 즐김

적대적 대상 : 인내

우호적 대상 : 능동, 칭찬, 감사

적대적 약자, 우호적 강자 대상 : 긍정, 공감

적대적 강자 대상 : 결사, 인정, 사랑

적대적 약자 대상 : 관망

우호적 강자 대상 : 원원

우호적 약자 대상 : 배려

반복 횟수별과 감정 대상별로의 감정근육을 외운다. 외우기 위한 시
각화는 다음과 같다. 아래에서 감정근육만을 외운다.

• 반복 횟수별 순서

버림, 포용, 배려, 시도 / 결사, 인내, 즐김, 칭찬

관망, 긍정, 공감, 능동, 감사 / 인정, 사랑, 원원

• 감정 대상별 순서

버림, 포용, 시도, 즐김 / 인내, 능동, 칭찬, 감사

긍정, 공감 / 결사, 인정, 사랑, 관망, 원원, 배려

마지막으로 감정과 감정근육을 세트로 외운다. 아래에서 감정과 감정근육을 함께 외운다.

- 성질적 구분의 사분면별

  가치 사분면 : 치 – 버림, 포용, 시도, 사랑, 즐김

  오, 멸 – 버림, 포용, 관망, 긍정, 공감

  루 – 버림, 포용, 능동, 긍정, 공감

  애 – 버림, 포용, 능동, 배려, 칭찬

  행위 사분면 : 죄 – 결사, 버림, 포용, 인정

  노 – 버림, 포용, 관망, 시도

  질 – 버림, 포용, 칭찬

  희 – 버림, 배려, 칭찬

  호감 사분면 : 공, 미 – 결사, 시도, 인내

  급 – 버림, 포용, 즐김

  독 – 버림, 포용, 시도

  락 – 버림, 배려, 시도

  자산 사분면 : 욕 – 결사, 인내

  염, 혐 – 인내, 포용

  애 – 버림, 포용, 감사

  측 – 버림, 배려, 감사

  편안 사분면 : 황 – 결사

  통 – 인내

  담 – 버림, 원원, 즐김

  안 – 버림, 배려, 즐김

• 수학적 구분의 사분면별

  2사분면 : 황 – 결사

          욕 – 결사, 인내

          공, 미 – 결사, 시도, 인내

          죄 – 결사, 버림, 포용, 인정

          치 – 버림, 포용, 시도, 사랑, 즐김

  3사분면 : 통 – 인내

          염, 혐 – 인내, 포용

          급 – 버림, 포용, 즐김,

          노 – 버림, 포용, 관망, 시도

          오, 멸 – 버림, 포용, 관망, 긍정, 공감

  1사분면 : 루 – 버림, 포용, 능동, 긍정, 공감

          질 – 버림, 포용, 칭찬

          독 – 버림, 포용, 시도

          애 – 버림, 포용, 감사

          담 – 버림, 원원, 즐김

  4사분면 : 애 – 버림, 포용, 능동, 배려, 칭찬

          희 – 버림, 배려, 칭찬

          락 – 버림, 배려, 시도

          측 – 버림, 배려, 감사

          안 – 버림, 배려, 즐김

Chapter 03
가치사분면

····

구분 인자는 잘남, 못남이고, 해당 감정은 치(수치), 오(미움), 멸(멸시), 루(지루함), 애(사랑)이다. 현재 가지고 있는 가치를 가지고 정리한 것으로서 감정사분면의 가장 내면에 있다.

─ 가치사분면 [특성]

	못남	잘남
	치	애
나	버림	버림
	포용	포용
	시도	감사
	사랑	
	즐김	
	오멸	루
남	버림	버림
	포용	포용
	관망	능동
	긍정	긍정
	공감	공감

─ 가치사분면 [대상]

	적대적	우호적
	치	루
강자	버림	버림
	포용	포용
	시도	능동
	사랑	긍정
	즐김	공감
	오멸	애
약자	버림	버림
	포용	포용
	관망	능동
	긍정	배려
	공감	칭찬

― 못남

나 못남 : 내가 못났기 때문에 상대는 적대적으로 변하며, 나보다 강자가 된다. 즉 상대는 적대적 강자이다. 나는 '수치'를 느낀다. 대처법은 '버림', '포용', '시도', '사랑', '즐김'이다.

남 못남 : 남이 못났기 때문에 '멸시감' 또는 '미움'의 감정을 느끼며 상대에게 적대적으로 변한다. 따라서 상대도 나에게 적대적으로 변하게 되므로, 상대는 적대적 약자이다. 대처법은 '버림', '포용', '관망', '긍정', '공감'이다.

― 잘남

나 잘남 : 내가 잘났을 때, 즉 잘난 나보다 못한 평범한 사람을 만나게 되면, 우월감에 따른 안도감으로 친밀감을 느끼게 된다. 상대는 우호적 약자가 된다. 이때의 감정은 '사랑'으로서 대처법은 '버림', '포용', '능동', '배려', '칭찬'이다.

남 잘남 : 남이 잘났을 때, 나보다 잘난 우월한 사람을 보면서 불안감으로 인하여 거리를 두게 되면서 소통이 되지 않아 지루해지게 된다. 그러나 상대는 반대로 우월감에 따른 안도감으로 친밀감을 느끼므로 우호적 강자가 된다. 대처법은 '버림', '포용', '능동', '긍정', '공감'이다.

가치사분면은 기본적인 인간관계에서 더 나아가 친밀한 인간관계 구축을 원할 때, 활용한다. 인간관계가 친밀해져서 형, 아우, 언니, 동생 정도의 사이가 되면, 조그만 일을 잘해도 큰 인정을 받을 수 있다. 원만하지 않은 인간관계에서는 작은 실수로도 회사를 그만둘 수가 있다. 그러나 원만한 인간관계에서 더 나아가 아주 친밀한 인간관계가 되어, 형, 동생으로 호칭할 정도가 되면, 큰 과오도 넘어갈 수가 있다.

수치

가치사분면의 제2사분면에 해당하는 감정으로 내가 못난 경우에 발생하고, 상대자는 적대적 강자로 사용할 감정근육은 버림, 포용, 시도, 사랑, 즐김이다. 사람은 자아인식이라는 능력이 있어 거울 속의 나를 인식한다. 그러나 이 능력이 사람에게만 있는 것은 아니다. 동물에게 거울을 이용하여 실험하여 보면, 이 능력을 가진 동물을 볼 수 있다. 침팬지, 돌고래는 이 능력을 가졌다. 거울 앞에서 자기 자신을 인식하고 포즈를 취하기도 한다. 그러나 고릴라나 다른 동물들은 거울 속의 자기를 적으로 인식하여 공격한다. 즉 자아인식 능력이 없다. 지적장애인들은 보통 부끄러워하는 것이 없다. 그들은 남들이 자기를 비천하게 보는 것을 모르기 때문에 마냥 행복하다. 정상적인 사람은 자신을 수치스럽게 생각한 순간, 행복과는 거리가 멀어진다. 그러나 이들은 수치를 모르기 때문에 항상 행복하다. 수치가 생기려면 우선 자아 인식 능력이 있어야 한다. 그리고 인식된 자아가 남들과 비교하여 못하다는 비교 능력이 추가로 있어야 한다.

사람은 자기보다 못한 자를 보면 멸시의 감정이 생긴다. 수치는 자기 자신에 대한 멸시라고 할 수 있다. 수치가 생성되기 위해서 우선 필요한 것은 자아인식 능력과 비교 능력이다. 이 두 가지 능력에 평소 반복적으로 비난받은 경험이 결합되었을 때 생긴다. 특정 상황에서 비난받은 경험이 없으면 그 상황을 대수롭지 않게 넘어간다. 그 부분이 인생에 크게 영향을 받지 않기 때문에 남들보다 못하다 하더라도 대수롭지 않게 넘어갈 수 있는 것이다. 그러나 그 상황에서 비난받은 경험이 생기게 되면, 수치로 발전할 수 있는 것이다.

― 버림

체면을 버린다. 남들이 나를 멸시하면 나는 슬픔을 느끼게 된다. 이 슬픔을 극복하는 대처법이 '버림' 감정근육이다. 자신의 체면을 버려야 한다. 남들에게 잘 보이려고 하는 마음도 버린다. 어차피 죽어 화장하게 되면 한 줌의 가루가 된다. 한 줌의 가루가 되는 것은 시간문제일 뿐이다. 체면 정도야 우습게 버리자. '버림'은 '결사'와 정반대의 개념이다. '결사'는 똑같이 죽음을 전제로 하고 있지만, 속뜻은 나를 지켜내는 개념이고, '버림'의 속뜻은 나를 버리는 개념이다.

― 포용

내가 죄를 지었을 때, 비난을 받아들일 수 있어야 한다. 남의 비난을 받아들일 수 있는 자존감이 있게 되면, 수치 감정이 들었을 때도 멸시 또한 받아들일 수 있게 된다. '포용' 감정근육으로 최악의 상황을 받아들이며, 수치 감정을 극복한다. 자신감은 크게 내적 자신감과 외적 자신감으로 구분된다. 외적 자신감은 발표를 자주 하다 보면 내성이 생겨서 들 떨리게 되는 것을 말한다. 그러나 발표 훈련을 안 하게 되고, 집에 혼자 여러 날 있게 되면, 이 외적자신감은 급속히 떨어져서, 다시 발표훈련을 하게 되면, 상당히 떨리게 된다. 그래서 이 외적 자신감은 자신감 전체를 빙산이라고 보면, 수면 위로 나와 있는 부분으로서 10% 정도밖에 되지 않는다. 수치로 발생하는 대표적인 것이 대인공포로서 극복이 어려운 이유는 고칠 수 없는 증상들에 대한 수치 때문이다. 내적 자신감이 생기면 떨리는 것에 대한 수치가 없게 된다. 수치가 없으므로 대인공포는 자연히 없어지게 된다. 그러므로 내적 자신감이야말로 빙산의 물속 부분인 전체 자신감의 90%라고 말할 수 있다. 내적 자신감을 키우는 방법은 '포용' 감정근육을 키우는 것이다. 증상의 발현 시, 그 결과로 발생하는 모든 최악의 상황을 포용한다. 그리고 수치 감정만 극복하려고 하지 말고, 죄책감 같은 감정도 극복해야 한다. 대인공포 증상을 '죄'라고 생각하는 사람들이 비난하면 당당히 그 비난을 포용하는 것이다.

— 시도

노출을 시도한다. 수치 상황에서 숨기만 해서는 안 된다. 숨지 말고, 드러내라.

— 사랑

이후에 언급할 행위사분면은 크게 2가지 경우로 나누어진다. 잘못한 경우와 잘한 경우이다. 그런데 세상은 항상 잘못한 경우, 잘한 경우 2가지로만 나누어지지 않는다. 누가 잘하지도, 잘못하지도 않은 그저 평범한 일상이 계속되는 경우가 많다. 평범한 일상 속에서 문제가 하나 생긴다. 그 문제는 허물이다. 잘한 경우, 잘못한 경우 이외의 제3의 경우는 허물을 대하는 경우이다. 완벽한 사람은 없다. 허물이 없는 사람은 없다. 허물은 평소 생활에서 항상 존재한다. 이 허물을 대하는 태도에 따라 인간관계는 달라진다.

인터넷에 이런 유머가 있다. 개와 같이 가면? 개 같은 놈, 개의 뒤에서 걸어가면? 개보다 못한 놈, 개의 앞에서 걸어가면? 개보다 더한 놈,

이렇게 개는 보통 비천한 의미로 해석된다. 그런데 이상하게도 개는 짐승들 중 가장 인간과 친한 짐승이다. 그 이유는 개는 자기의 비천한 위치(허물)를 개의치 않고, 그저 자기의 주인인 인간을 좋아하고 따르기 때문이다. 보답으로 개 주인인 인간은 그 개를 좋아하게 된다. 여기에 해답이 있다. 평소 나의 허물에 신경 쓰지 말고, 그저 내 앞에 있는 어려운 사람들을 사랑하자. 수치는 극복되면서 보너스로 인간관계가 좋아질 것이다. 나의 허물에 신경 쓰며, 나를 배척하지 않을까 두려워 그들을 어려워하지 말고, 그들을 쳐다보며 그들을 익히자. 어차피 고치지 못하는 허물이면 신경 쓴다고 고칠 수 있는 것이 아니다. 더 이상 나의 허물에 신경 쓰지 말자. 그저 나의 앞에 있는 사람들을 어려워하지 말고 가까이 다가가 그들을 사랑하자. 강한 자에게는 약하고, 약한 자에게 강한 자들이 어느 회사를 가도 존재한다. 즉 자기보다 위의 사람에게는 갖은 아양과 아부를 떨다가, 자기 밑의 사람에게는 사소한 잘못에도 크게 화를 내는 자들이다. 그런데 이렇게 비도덕적으로 보이는 자들이 그 자리를 그대로 유지하면서 또는 그 이상의 자리에도 잘도 올라간다. 왜일까? 사람은 누구나 사랑받고 싶어 한다. 나를 평가하는 상사도 사람이다. 나를 사랑하는 척하는 부하를 좋게 볼 수밖에 없다. 그러므로 부하의 말들이 아양과 아부인 것은 알지만, 이 말들로 인하여 기분이 좋은 것이다. 그러니 나를 사랑하는 척하고 칭찬하는 부하에게 좋은 인사고과 점수를 주는 것이다.

— 즐김

남들 앞에서 떠는 대인공포를 극복하는 방법은 무수한 발표 훈련이다. 그리고 그 발표 훈련을 평소의 생활에 접목하는 것이다. 그리고 평소에 발표상황과 비슷한 상황을 찾아 즐기는 상태가 되면 극복이 되는 것이다. 평소 발표상황과 비슷한 상황에서 피하고 도망가지 말고, 부딪치면서 즐겨야 된다. 수치를 극복하는 주 단어는 즐김이다. 내 앞에 있는 사람을 주시하면서 그의 얼굴을 익히자. 그리고 이 떨리는 상황에서 도망치지 말고, 이 순간을 즐겨라.

— 버림

사례

아프리카에서는 원숭이를 잡는 방법이 있다. 원숭이가 좋아하는 먹이를 철창 안에 넣는다. 그 철창은 손을 피면 손을 집어넣을 수는 있지만, 주먹을 쥐면 빠져나올 수 없는 간격으로 철창살을 만들었다. 원숭이는 먹이를 먹으려고 손을 철창 안에 넣고 먹이를 잡아 꺼내려고 하지만, 손은 나올 수 없다. 이때 사람들이 다가가 원숭이를 잡는 것이다. 원숭이는 먹이의 욕심 때문에 사람이 다가와 자기를 잡을 때까지 도망가지 못하는 것이다. 대인공포 상황도 마찬가지이다. 대인공포 환자는 대인공포 증상에 대한 수치만 버리면 되는데 그것을 버리지 못하여 계속 대인관계의 어려움을 겪는 것이다.

・ ・ ・ ・

미움

가치사분면의 제3사분면의 감정으로 남이 못난 경우에 발생되고, 상대는 적대적 약자로 사용할 감정근육은 버림, 포용, 관망, 긍정, 공감이다. 우선 나의 체면과 욕심을 버리고, 모든 것을 포용하는 자세를 가져본다. 그리고 상대방이 왜 나에게 그렇게 하였는지 '관망'의 자세로 객관적인 입장에서 성찰하고, 그래도 감정이 사라지지 않으면, '긍정'적인 면을 찾는 것이다.

─ 버림

나를 분노케 하였던 사람에게서 그 분노를 풀지 못하면, 시간이 지나면, 분노는 미움으로 변한다. 미움을 포함하여 그 사람에게서 안 좋았던 모든 것들을 마음속에서 던져 버린다.

─ 포용

버림으로 어느 정도 미워하는 마음을 버렸으면, 그다음은 포용하라. 상대방을 고치려고 하지 마라. 그저 다 받아들여라. 타인의 모든 것을 다 받아 주는 포용력은 타인에게 회복탄성력이 생기게 한다. A와 함께 놀고 싶은데 A가 놀아 주지 않을 때, 미움의 감정이 생긴다. 그러나 A에게 잘못은 없다. 놀고 싶지도 않고 놀아줄 시간이 없기 때문이다. 이

것이 무슨 잘못인가? 그러므로 포용하여야 한다. A가 나를 무시할 때, 또한 미움의 감정이 생긴다. 무시당하면 당연히 기분이 나쁘다. 그러나 넓은 마음으로 포용하여야 한다. 살다 보면 무시도 당할 수 있다. 그때마다 화를 낸다면, 인간관계는 좋아질 수 없다. 배척당할 때도 당연히 기분이 나쁘다. 역시 포용하여야 한다.

— 관망

미움은 나에게 무언가의 해를 끼쳤기 때문에 발생한다. 나의 피해만 생각하면 미움은 사라지지 않는다. 멀리 떨어져 객관적 입장에서 관망 감정근육으로 나와 상대방을 바라보자.

— 긍정

미워하는 사람이 나에게 잘 해주었던 경험이나 또는 그 사람의 장점을 생각한다. 모든 것을 긍정적으로 다시 바라본다.

— 공감

미워하는 사람 입장이 되어 다시 한 번 생각해 본다.

— 포용

사례

아파트 관리사무소는 설비 보수 등의 일을 하는 기사들이 있고, 그 위에 기사들을 관리하는 과장이 있고, 관리비부과 업무 등을 하는 경리가 있고, 모든 관리를 총괄하는 소장이 있다. 이 아파트의 기사는 총 4명이 있는데, 2명이 1조로 24시간 맞교대로 일을 한다. 24시간 맞교대는 아침 9시부터 그 다음 날 아침 9시까지 일을 하고, 다른 조와 교대하는 것이다. 아침 업무 회의는 오전 9시 정각에 시작하였는데, 일을 한 조는 퇴근시키고 출근한 조 2명의 기사와 과장, 소장 이렇게 총 4명이 회의를 한다. 회의 방식은 이렇다. 우선 기사들이 상대 조로부터 업무 인수받은 것 및 본인들이 계획한 업무를 말하고, 과장이 업무 지시를 하고, 마지막으로 소장이 업무지시를 하고 나면 기사들은 해산한다. 과장과 소장만 남으면, 과장이 당일 업무계획을 말하고, 소장이 과장에게 업무지시를 하면 아침 회의는 끝난다. 어느 날 기사들이 해산한 후, 과장에게 4가지의 업무 지시를 하였다. 그런데 2일 후에 아파트의 노인들을 모시고 여행을 가는 효도관광이라는 행사가 계획되어 있었다. 총 40명 정도의 인원이 관광을 가는 것으로 신청된 상태였는데, 동대표 회장이 이들에게 출발시간, 출발장소 등의 관광에 대한 안내를 문자로 보내라고 지시를 한 지시건이 있었다. 그 지시건은 과장의 컴퓨터에서 보내면 된다. 업무회의를 끝나고 10분 정도 시간이 지나서 그 지시건에 대한 지시를 과장에게 하지 않은 것을 알았다. 그런데 과장이 요즘 상태가 별로 좋지 않았다. 매주 1번씩 총 3회 정도를 계속 얼굴에 상처를 입고 출근하는 것이었다. 술 먹고 넘어져 다쳐오는 것으로 추정되었다. 그리고 목소리나 표정이 항상 화가 난 듯하였다. 소장인 나는 항상 평온한 어투를 유지하는데 오히려 밑의 사람이 직급이 위인 소장인 나에게 퉁명스러운 어투로 말을 하였다. 상사가 집안에서 안 좋은 일이 있으면 회사에 와서 부하들에게 화풀이하는 것은 있어도, 그 반대인 것은 잘 있지 않은 일인데, 내가 사람들에게 참 좋게 대하여 주니, 나를 얕잡아 보는 것 같았다. 내가 4가지의 업무를 지시를 하는데 계속 퉁명스럽게 대답을 하였다. 기분이 별로 좋지 않은 상태에서 업무회의를 끝내고, 뒤늦게 효도관광 문자 지시건을 알게 되어서 업무회의가 끝난 지 10분 정도 시간 후에 추가로 그 건에 대하여 지시를 하였다. 지시를 하면서 이 건은 급한 것이니까 꼭 오늘 중으로 하라고 하였다. 그런데 아니나 다를까 과장의 답변이 역시 퉁명스럽게 나왔다. "그건 모르겠고… 제가 알아서 하겠습니다." 이렇게 답하는 것이었다. 업무 지시에는 업무 순서에 대한 지시도 역시 따라야 할 지시이다. 중요하고 급한 것은 당연히 먼저 하여야 한다. 아파트 관리사무소에서는 갑의 입장인 동대표들 특히 동대표 회장의 업무 지시는 아주 중요하게 먼저 처리하여야 한다. 그래야 관리소 직원의 신변이 보장되는 것이다. 그래서 효도관광 문자 전송건은 가장 먼저 처리되어야 하는 것이다. 그런데 과장이 자기 멋대로 아무렇게 일을 하겠다고 하면, 이것은 명명백백 업무지시 불복이 되어 해고사유에 해당되는 것이다. 그래서 나는 다시 말을 하였다. "이 건은 앞에 내가 지시한 4가지들 보다 급한 것이니까 꼭 먼저 하든지, 안되더라고 오늘 중으로는 꼭 처리하세요." 그러자 과장은 또 퉁명스럽게 대답하였다. "그만 이야기하시죠……."

나는 무척 마음이 불쾌하였다. 아침 회의부터 과장과 이야기하는 내내 나는 편안하게 대해주는데 계속 과장은 나에게 퉁명스럽게 말을 한 것이다. 나는 화는 내지 않았지만, 혼자 목소리로 말하였다. "누가 과장이고 누가 소장인지 모르겠네…." 그러자 과장은 주먹을 쥐고 "에이 씨발~" 이렇게 말을 하면서 나를 때릴 듯이 벌떡 일어났다. 그러더니, 나를 때리지는 않고 주먹으로 기물들을 때리면서 사무실을 나갔다. 나는 이 과장을 내보내야겠다고 생각했다. 1시간 정도 있다가 과장이 다시 들어 왔다. "저 그만두겠습니다." 이렇게 말을 하였다. 이 말을 들으니, 다소 화가 가라앉았다. "나 그렇게 쪼잔한 사람 아닙니다" "계속 일하세요" "앞으로는 그러지 마세요" "다른 소장이면 문제가 크게 될 것입니다."

사실 나는 쪼잔한 사람이다. 그러나 뜻은 인간관계의 강연가라는 큰 꿈이 있는 사람이다. 요 정도의 과장도 정상적인 직장인으로 계도하지 못하는 사람이 어떻게 인간관계를 강연하는 사람이 되겠는가? 꿈을 위하여 현재의 나의 감정을 조절할 필요가 있었다. 감정과 육체가 다소 힘이 들더라도 더 큰 꿈을 위하여 참고, 이 사람을 포용하기로 하였다. 지금 이 과장은 일을 잘하고 있다.

멸시

가치사분면의 제3사분면의 감정으로 남이 못난 경우에 발생하며 상대는 적대적 약자로서 사용할 감정근육은 버림, 포용, 관망, 긍정, 공감이다.

— 버림

내가 멸시하는 대상이 모든 경우에 열등한 것은 아니다. 꼭 그것이 필요한 상황, 장소, 시간이 있을 것이다. 그때, 그것은 어느 누구보다 우등한 존재가 된다. 내가 멸시하는 것이 정답이 아닐 수가 있는 것이다. 그러므로 '멸시' 감정을 마음속에서 버린다.

— 포용

허물이 있는 약자를 보면 포용하자. 고칠 수 없는 허물을 보고, 야단을 치면, 야단맞은 사람은 자괴감에 빠질 것이다. 이것은 결코 인간관계에 좋지 않다. 남의 허물을 보면 멸시하지 말고 포용하자. 나의 허물이 있을 때는 상대방을 사랑하고, 남의 허물을 보면 포용해 주자. 남의 허물을 드러내어 놀리지 말고, 감싸주자. 평소에 져주기가 몸에 밴 사람은 비난하지 않는다. 가족의 경우에는 포용력이 아주 많이 필요하다. 어떠한 경우에도 모든 것을 받아 주어야 하는 것이 가족이다. 그렇지 않으면 집에 들어가기가 싫어지게 될 것이다. 포용력의 한계에 부딪치면 이혼 또는 이별로 가는 것이다. 어떤 사람은 많이 알고, 그 아는 것을 이용하여 많은 일을 하지만, 항상 자기가 한 일을 자랑하고, 남이 조금이라도 못한 일이 있으면, 험담을 즐기는 사람이 있다. 그러나 그런 사람 주위에는 별로 사람이 없다. 그 이유는 그의 곁에 있을 때에는 아무리 일을 잘하더라도, 조금의 실수라도 잡아내서 비판하여 사람들을 불안하게 만들기 때문이다. 그러나 다소 일은 못할지라도, 상대방의 말을 잘 들어주고, 맞장구를 잘 쳐 주며, 다른 사람들이 일을 잘 못해도 간혹 잘한 일이 있으면 찾아내서 칭찬하는 사람도 있다. 이렇게 타인을 인정하는 사람하고 있으면 잘못한 것은 덮어주고, 잘한 것은 칭찬을 받기 때문에 항상 편안하게 된다. 당연히 주위에 사람이 많이 따를 수밖에 없다. 이런 사람들이 포용력이 있는 사람이다.

— 관망

"나라면 그렇게 하지 않을 것인데…" 라는 생각이 남을 멸시하는 감정을 더욱 불러온다. 이 세상에 정답은 없다. 나의 생각이 옳지 않을 수도 있다. 관망하는 자세로 객관적으로 생각하자.

— 긍정

멸시되는 대상의 장점을 생각하여 본다.

— 공감

멸시되는 대상의 입장이 되어 다시 한 번 생각하여 본다.

. . . .

지루함

가치사분면의 제1사분면의 감정으로 남이 잘난 경우에 발생하고 상
대는 우호적 강자로 사용할 감정근육은 버림, 포용, 능동, 긍정, 공감
이다. '공감' 앞에 '긍정'이 온다. 즉 '긍정'이 '공감'의 앞에 있다. 이것은
반대로 하면 잘못될 수 있는 것을 뜻한다. 상대가 긍정적인 사람이고
무엇인가 상대가 말하고 싶어하는 것을 간파하였으면, 그것에 대한 질
문으로 대화를 시작하는 것도 좋다. 그런데 상대가 부정적인 사람일
때에는 조심하여야 한다. 딱딱한 말이 없는 분위기에서 '공감'을 하기
위하여 상대의 말을 이끌어 내려고 질문을 시도하면, 상대가 나를 좋
지 않게 보거나, 부정적인 사람일 때는

"그런 것을 왜 물으냐?"

"무슨 의도가 있느냐?"

"그런 것도 모르냐?"

등의 부정적인 답변이 일어나기 쉽다. 처음부터 대화가 싸움으로 시
작된다. 그래서 먼저 '긍정'적인 대화를 시작해야 한다.

"오늘 날씨가 참 좋네요."

"옷이 잘 어울리네요."

"어제 ○○○가 ○○○에서 금메달 땄던데요."

"주말에 ○○○에서 식사를 했는데 싸고, 맛이 참 좋았습니다."

부담 없고 긍정적인 말부터 능동적으로 시작해야 한다.

― 버림

본인을 지키기 위하여 본인의 이야기를 하지 않고 있으면, 대화는 끊어지기 쉽다. 평소 '져주기'를 내면화하여 체면을 버려야 한다.

― 포용

나의 대화로 만들어질 수 있는 최악의 상황을 받아들여라. 그것을 걱정하여 말을 삼키다 보면 대화는 끊어지게 된다.

― 능동

남이 말을 시작하기를 계속 기다리지 말고, 남이 말이 없을 때에는 내가 능동적으로 말을 시작해야 한다.

― 긍정

대화 시 남을 비난하면 그 화살은 대부분 자기 자신에게 돌아오게 된다. '긍정'을 생각하면서 상대방이 다소 싫더라도 긍정적인 측면을 보게 되면, 좋은 대화가 나올 수 있다.

― 공감

사람이 잘못하면, 너전달법으로 비난을 하지 말고, 나전달법으로 호소하여야 한다. 즉 너전달법으로 "너가 잘못했다" 가 아니라, 나전달법으로 "너가 그렇게 해서 내가 너무 힘들어~" 라고 호소하여야 한다. 공감하려면 경청을 하여야 한다. 그런데 경청은 앞의 경우와는 반대로 너전달법을 사용하여야 한다. 즉 너가 주어이다. "너가 그랬었구나~",

"너 참 행복했겠다~", "너 참 슬펐겠다~", "너 참 기쁘겠구나~", 말할 때, 너가 들어가든, 안 들어가든 문맥상 주어가 '너'가 되도록 맞장구를 쳐주는 것이다. 123 법칙이 있다. 1번 말하고, 2번 듣고, 3번 맞장구 쳐 주라는 말이다. 다시 구체적으로 설명하면, 대화상대가 흥미를 가질 만한 한 번의 화제를 던지고, 두 번 이상 상대방의 말에 귀 기울여 세심하게 들으며, 세 번 이상의 리액션이나 칭찬으로 긍정적 호응의 말을 하라는 말입니다. 상대방의 입장에서 대화거리를 만들어 대화를 끌고 나간다. 공감되는 주제로 대화한다.

사랑

가치사분면의 제4사분면의 감정으로 내가 잘나면 우월감에 따른 안도감으로 상대에게 친밀감(사랑)을 느끼게 된다. 상대는 우호적 약자로서 사용할 감정근육은 버림, 포용, 능동, 배려, 칭찬이다. 사기꾼과 사업가에게는 공통점이 있다. 능동과 배려이다. 사업가는 고객의 마음을 이해하여 고객이 진정으로 원하는 상품을 능동적으로 만들어 판다. 고객에게 도움이 되는 상품을 만들어 판다. 즉 배려하는 것이다. 사기꾼은 사기를 당할 사람을 잘 선정한 후, 그 사람이 원하는 것을 능동적으로 찾아내어 배려한다. 그리고 어느 정도 믿음이 형성되면, 크게 사기를 치고 도망을 간다. 사업가는 끝까지 고객을 배려하지만, 사기꾼은 마지막에는 크게 손해를 끼치고 도망을 간다. 사업가와 사기꾼은 중간까지는 능동과 배려가 같지만 마지막에 달라진다. 제비족도 사기꾼과 거의 같다. 마지막 크게 손해를 끼치기 전까지는 온갖 배려를 능동적으로 한다. 여자들은 사소한 것을 챙겨줄 때, 감동을 하기 때문에, 제비족은 항상 세심하게 능동적으로 배려한다. 마찬가지로 마지막에는 뒤통수를 때린다.

― 버림
받고 싶으면 먼저 주어라. 받고 싶은 마음을 버려야 한다. 대가를 바라고 행하게 되면, 그 마음이 행동에 표시된다.

— 포용
최악의 상황도 포용하라.

— 능동
사랑하는 사람이 원하는 것을 능동적으로 찾아내어, 그것을 충족시켜 주어야 한다. 10번 찍어 안 넘어가는 나무 없다. 계속 능동적으로 배려하다 보면 언젠가는 좋은 결과가 생길 것이다.

— 배려
사랑하는 사람이 원하는 것을 세심하게 배려한다.

— 칭찬
잘난 점을 능동적으로 찾아내어 칭찬하라,

Chapter 04
행위사분면

    • • • •

행위사분면의 구분 인자는 잘함, 못함으로 해당 감정은 죄책감, 분노, 질투, 기쁨이다. 사람은 누구나 이기고 싶은 욕망을 가지고 있다. 이 욕망을 충족시켜주는 사람은 남들에게 호감을 가지게 한다. 남들에게 이기려고 하지 말고 져 주어라. 져 주는 것은 지는 척하는 것이지 지는 것이 아니다. 져 주는 것은 상대방의 마음을 얻는 것이다. 그래서 져 주는 것이 오히려 이기는 것이다. 져 주는 데에도 여러 가지 경우가 있다. 회사를 다니다가, 도중에 그만두게 되는 원인들이 여러 가지가 있지만, 그중에서 가장 큰 것은 인간관계이다. 행위사분면만 잘 이해하고 활용하면 인간관계를 잘하지 못하여 회사를 도중에 그만두게 되는 일이 발생하지 않을 것이다. 행위사분면은 감정사분면의 안에서 바깥 방향으로 2차 사분면에 해당한다.

행위사분면을 표로 만들면 다음과 같다.

― 행위사분면 [특성]

	잘못	잘함
	죄	희
나	결사	버림
	버림	배려
	포용	칭찬
	인정	
	노	질
남	버림	버림
	포용	포용
	관망	칭찬
	시도	

― 행위사분면 [대상]

	적대적 (악)	우호적 (선)
	죄	질
강자	결사	버림
	버림	포용
	포용	칭찬
	인정	
	노	희
약자	버림	버림
	포용	배려
	관망	칭찬
	시도	

— 잘못

나 잘못 : 내가 잘못한 경우, 비난을 받게 된다. 이때, 변명하지 말고, 죽기를 각오(결사)하여 용기를 내고, 체면을 버리고, 비난을 포용하고 잘못을 인정한다.

남 잘못 : 남이 잘못한 경우에는 나의 이익을 버리고, 손해를 포용하며 관망하면서 분노 감정을 낮추고, 나전(나전달법) 등을 시도한다.

— 잘함

나 잘함 : 내가 잘한 경우에는 자랑하고 싶은 마음을 버리고, 오히려 상대방을 배려하며 칭찬한다.

남 잘함 : 남이 잘한 경우에는 질투를 버리고, 현실을 포용하며, 상대방을 칭찬한다.

인간관계에서 기본적으로 필요한 덕목이 있다. 그 덕목은 인간관계를 깨지지 않게 하는 덕목이다. 그러한 덕목을 기본 덕목이라고 하자. 기본 덕목은 '인정, 나전, 칭찬, 칭찬'이다. 여기에서 '나전'은 나전달법의 약자이다. 사상누각이라는 말이 있다. 모래 위에 집에 짓는 것을 말한다. 사상누각은 외부의 사소한 변화에도 버티지 못하고 허물어질 것이다. 기본 덕목을 쌓지 않고, 그다음의 덕목에 노력하는 것은 사상누각처럼 기초가 부실하기 때문에 의미 없는 노력이 된다. 뿌리가 깊은 나무가 높이 솟아오를 수 있다. 인간관계의 기본 덕목인 '인정, 나전, 칭찬, 칭찬'은 회사에서 사무적인 인간관계의 원활함을 이끌어 낸다. 인간관계의 기본 덕목은 나무로 치면 뿌리이고, 건물로 치면 기초이다. 뿌리를 깊게 내린 나무가 높이 솟아오를 수 있다. '인정, 나전, 칭찬, 칭찬'만 제대로 자기의 것으로 소화한다면, 어느 조직이나 회사에서 인간관계로 탈락하는 확률을 많이 줄일 수 있을 것이다.

　행위사분면을 외우기 쉽게 유머화하여 호사분면으로 표현할 수 있다. 지금 내 앞에 있는 사람은 나보다 강한 자와 약한 자, 나에게 적대적인 자(악한 자)와 우호적인 자(선한 자)로 나눌 수 있다. 이것을 조합하면, 적대적 강자, 적대적 약자, 우호적 강자, 우호적 약자의 4가지 유형으로 나눌 수 있다. 호사분면은 적대적 강자는 호랭이, 적대적 약자는 호로새끼, 우호적 강자는 호인, 우호적 약자는 호구로 표현하면서 각 경우별로 대처 방법을 소개하는 사분면이다. 호사분면만 잘 활용하면 인간관계를 현재 상태에서 더 이상 나빠지지 않게 할 수 있다. 회사 생활에 적응을 하지 못하여 중도에 탈락하는 사람들에게 있어서 탈락 사유는 일을 잘하지 못하는 것보다는 인간관계의 실패가 원인일 경우가 많다. 호사분면은 이것을 막아 줄 것이다. 감정 중에서 중요한 감정 4가지를 뽑으라면, 공포, 분노, 슬픔, 기쁨이라고 할 수 있다. 호사분면의 각 분면별로 주 감정에 해당하는 감정들이다. 주 감정 4가지를 극복하는 핵심 단어를 뽑으라면, 결사, 포용, 버림, 배려이다. 감정과 감정의 극복 단어를 서로 해당 단어끼리 연결하면 다음과 같다. 공포-결사, 분노-포용, 슬픔-버림, 기쁨-배려

　반면교사(反面教師)는 타산지석(他山之石)과 비슷한 뜻을 가지나, 그보다 의미가 더욱 직설적이다. 1960년대 중국 문화대혁명 때 마오쩌둥[毛澤東]이 처음 사용한 것으로 전해진다.
　마오쩌둥은 부정적인 것을 보고 긍정적으로 개선할 때, 그 부정적인 것을 '반면교사'라고 하였다. 즉, 이는 혁명에 위협은 되지만 그러한 반면 사람들에게 교훈이 되는 집단이나 개인을 일컫는 말이었다. 요즘은

보통 다른 사람이나 사물이 잘못된 것을 보고 가르침을 얻는 것을 말한다. 반면교사 기법이란 "무엇무엇을 하지 말고 무엇무엇을 하자"라는 식이다.

반면교사 기법으로 각 분면별 대처법이 있는 호사분면은 아래와 같다.

― 호사분면

	적대적 (악)	우호적 (선)
	호랭이	호인
강자	공포	슬픔
	결사	버림
	변명 ⇨ 인정	질투 ⇨ 칭찬
	변명하지 말고 인정하라	질투하지 말고 칭찬하라
	호로새끼	호구
약자	분노	기쁨
	포용	배려
	비난 ⇨ 호소	자랑 ⇨ 칭찬
	비난하지 말고 호소하라	자랑하지 말고 칭찬하라

죄책감

　행위사분면의 제2사분면의 감정으로 내가 잘못한 경우에 발생하며, 상대는 적대적 강자(호사분면 : 호랭이)로서 사용할 감정근육은 버림, 포용, 관망, 인정이다. 적대적 강자를 만나면 생기는 감정은 '공포'이다. 공포에 대항하는 단어는 결사이다. 삼국지에서 제갈공명이 하는 말이 있다. '사즉생 생즉사'이다. 죽고자 하면 살고, 살고자 하면 죽는다는 말이다. 죽고자 하면, 용기가 생기기 때문에 용감하게 싸울 수 있어, 적을 이길 수 있다. '결사'는 죽기를 각오한 마음이다. 공포상태에서 죽기를 각오하면, 공포가 줄어들게 된다. 그래서 공포에 대항하는 단어는 '결사'이다. 내가 잘못을 하면, 상대방과 비교하여 잘못한 부분에서 상대방은 나보다 강자이다. 그런데 내가 잘못을 하여 상대방에게 피해를 주었으니, 상대방은 나에게 적대적으로 변할 것이다. 그러므로 상대방이 적대적 강자가 된다. 적대적 강자를 '호'자로 시작하는 말로 바꾸면 '호랭이'가 된다. 호랭이가 나를 비난하면 바로 그 잘못을 '인정'하라. 그러면 더 이상 문제가 커지지 않게 된다. 직장인들의 대부분에게 있는 병이 있다. 월요병이다. 월요일 아침이 되면 출근길이 더욱 무겁게 느껴진다. 월요병 때문이다. 월요병의 원인을 제공하는 요인들 중 큰 것을 뽑는다면 단연 호랭이들이 될 것이다. 호랭이들의 '비난'이라는 공격에 대항하기 위하여는 '인정'이란 방패가 필요하다. 우리는 비난을 받으면,

변명하기에 급급하다. 구차한 변명들은 나를 점점 더 작아지게 만든다. 과감하게 비난을 포용하라. 한순간에 그 자리를 벗어나게 될 것이다. '인정'이라는 방패를 가지고 '비난'이라는 공격에 대비한 후, 출근하라. 한결 출근길이 가벼워질 것이다. 월요일 아침은 가장 출근하기 싫은 아침이다. 원수 같은 상사에게 야단맞을 생각에 더욱 그렇다. 이런 원수 같은 상사를 호사분면에서는 호랭이로 표현한다. 호랭이는 적대적인 강자라고 할 수 있다. 적대적인 강자가 나를 비난할 때에는 대항 방법은 그 비난에 대한 '포용'이다. 물론 내가 잘못한 것이 맞을 때이다. 잘못한 것이 없는데 비난을 한다면 그때는 상대방은 호랭이가 아니라 호로새끼인 것이다. 호로새끼를 상대하는 법은 '나전달법' 등을 시도하는 것이다. 사람은 어차피 잘못을 하게 되어 있다. 잘못하는 것이 두려워 회사에 출근할 때마다 걱정한다고 잘못을 안 하는 것은 아니다. 어차피 또 새로운 잘못을 할 것이다. 사람은 어떤 일을 하든지 100점 만점이 될 수가 없다. 100점 만점 중 99점을 받았을 때, 틀린 1점을 비난하는 사람이 생긴다. 이때, 왜 99점을 칭찬하지 않냐고 따지지 말고, 1점에 대한 비난조차도 포용하자. 그때 필요한 단어가 '포용'이다. '포용'으로 나의 모든 잘못을 포용하자. 마음이 후련해질 것이다. 그리고 월요일 아침 출근길이 한결 가벼워질 것이다. 그런데 실제로 50점 이하로 많이 못 할 때가 있다. 그때는 '인정'하자.

── **결사**
죽기를 각오한다. 그러면 죄로 인한 두려움에서 벗어날 수 있다.

── **버림**
체면을 버린다. 모든 것을 버리겠다는 마음을 가져야 한다.

― 포용

내가 잘못하여 상대방이 나를 비난할 때에는 바로 그 비난을 '포용'한다. 그러나 상대방이 잘못할 때에는 나는 상대방을 비난하지 않는다. "상대방이 나에게 그렇게 하였으니까 나도 상대방에게 그렇게 한다.", "눈에는 눈, 이에는 이", 이런 식으로 살지 말라. 인간관계에서는 져주는 것이 필요하다. 져주는 것이 나중에는 이기게 되는 것이다. 그러므로 상대방의 비난을 받아 주는 것이 좋은 것이다.

내가 잘못할 때에는 비난을 '포용'하고 상대방이 잘못할 때에는 '나전달법' 등을 시도하는 것이다. 보통 잘못을 지적받으면 그 지적을 포용하지 못하고 변명하기에 급급하다. 변명하다 보면 거짓말도 하게 된다. 상대방의 마음속의 분노는 더욱 커지게 된다. 자꾸 상황을 더욱 안 좋은 쪽으로 몰고 가게 된다. 변명하지 말고 비난을 포용하라. 포용을 하였지만, 그 이후에 같은 잘못을 반복하여 계속 비난을 초래하는 것은 좋지 않다. 같은 잘못을 하지 않도록 이후에는 주의하고 노력하여 고치는 것이 필요하다.

― 인정

나의 잘못을 인정할 때는 잘 따져 보고 인정하여야 한다. 법적으로 문제가 될 수도 있기 때문이다. 그리고 너무 쉽게 인정하면, 외부에서는 진정한 인정으로 받아들여지지 않을 수도 있다. 겉치레로 보일 수도 있다. 별문제가 없을 때는 깨끗이 인정하라. 마음이 후련해질 것이다.

― 인정

사례1

　　나는 관리과장으로서 부하 직원들에게 현장 업무를 시키지만 직접 현장업무를 뛰는 일은 별로 하지 않았다. 현장을 뛰는 데 필요한 공구들은 그 공구들을 사용하는 부하 직원들이 그 공구가 어디에 두고 있는지 잘 알겠지만 나는 잘 몰랐다. 그런데 아파트 동대표 회장이 공구 중 드릴을 찾는 것이었다. 내가 잘 모른다고 하자, 회장은 그런 것도 잘 모르냐고 나를 비난했다. 마음속에 분노가 바로 생겼다. 과장이 과장 일만 잘하면 됐지, 부하 직원들의 업무 영역까지 잘할 필요가 없기 때문이었다. 바로 나는 화를 냈다. "회장님이 자주 직원들을 비난하는 옆 아파트는 과장, 소장이 자주 바뀝니다."라고 간접적으로 회장을 훈계했다. 그런데 이것은 잘못된 것이다. 나는 바로 '포용'을 하여야 했던 것이다. 마음속으로 포용한 후, "몰라서 죄송합니다. 지금 찾아서 드리도록 하겠습니다. 잠시 기다려 주시기 바랍니다." 이렇게 사과를 하여야 했던 것이다. 잘못하여 비난받으면 인정하라.

― 인정

사례2

　　경비원들이 순찰을 하고 오면 발이 다소 피곤해진다. 경비실에 정강이 정도 높이의 발판을 가져다가 순찰을 다녀온 사람이 잠시 발을 올려놓고 있었다. 그런데 갑자기 아파트 주민의 대표회장이 경비실에 들어 왔다. 그 경비원은 그 사람이 회장인지 몰랐다. 그러다 보니 긴장이 덜되 발판에서 발을 내려놓는 시간이 다소 걸렸다. 회장은 바로 경비 용역회사에 전화해서 항의하였다. 그러자 경비용역회사는 바로 그 경비원을 다른 사람으로 바꾸겠다고 답변했다. 그런데 그 경비원은 평소 일을 잘해 주위 사람들에게서 좋은 평가를 받는 사람이었다. 많은 사람들이 "너무 심한 처사다. 훈계 정도로 끝날 일을 가지고 내보는 것은 너무하다"라고 말하였다. 나는 그 아파트 관리사무소의 과장으로서 그 경비원을 구하여야겠다고 생각하여 나의 바로 위 상사인 관리사무소장에게 선처를 호소했다. 선처를 호소할 때, 나는 경비원의 입장만 변명하였다. "경비원이 회장을 잘 몰라 발판에서 발을 빼는 데 시간이 걸린 것이다." 라는 식의 변명이었다. 그러자 소장은 오히려 화를 내었다. 발판에 발을 올리는 행위가 잘못된 것이라는 식이다. 결국 나의 호소는 실패로 끝났다. 그런데 이번에는 경비원 다른 조의 조장을 하고 있는 경비조장이 그 경비원의 변호를 하였다. 이번에는 관리사무소장이 호의적으로 받아, 회장에게 선처를 부탁하겠다는 표시를 하였다. 경비조장은 이렇게 변호하였다. "저희가 잘못했습니다. 제가 그 경비원에게 앞으로 발을 올려놓지 말라고 주의를 단단히 주었습니다. 그러니 한 번 만 선처를 부탁합니다."

경비원의 탄원을 받아들여 소장이 회장에게 말은 하였지만, 회장에게는 받아들여지지는 않아 그 경비는 결국 나가게 되었다. 하지만 소장의 설득이란 측면만 본다면, 과장인 나는 소장의 설득에 실패하였는데 경비조장이 성공한 이유는 바로 잘못의 비난에 대한 포용이다. 이렇게 비난을 인정하면 대부분의 사람들은 화를 거두게 된다.

— 포용

사례3

아파트에서 동대표들을 뽑으려면 선거관리위원회가 있어야 한다. 선거관리위원회의 위원도 주민 중에서 선정된다. 선거관리위원들은 회의를 할 때마다 회의 수당을 받는 것을 제외하면 무료 봉사직이라고 할 수 있다. 전에 다니던 아파트에서는 회의 시 5만 원 수당을 받고, 1회 선거마다 총 6번 수당을 받을 수 있다. 1회 선거 시 아무리 많은 회의를 하여도 6번을 초과하여 수당을 받을 수는 없는 것이다. 그래서 5만 원을 6번 받아 1회 선거 시 최고 30만 원의 수당을 한 사람당 받을 수 있는 것이다. 그런데 이 아파트에서는 회의 수당도 5만 원이 아니라 3만 원이고, 최고 받을 수 있는 횟수도 6번이 아니라, 2번밖에 못 받게 관리규약이 되어 있었다. 그런데 동대표들이 관리규약을 수정하면서 본인들의 회의 수당은 올리면서, 선거관리위원들의 수당은 올리지를 않았다. 이에 불만을 품은 선거관리위원들이 모두 사표를 던졌다. 내가 이런 이야기를 동대표회장에게 이야기를 하자 "쓸데없는 소리 하고 있어!" 라고 핀잔을 주었다. "그 말은 이 상황에서 적절치 않아요." 라고 부드럽게 말할 수 있는데 아무래도 '갑'의 입장이니까 편하게 나에게 말한 것 같았다. 그래도 그 말을 들으니 기분이 상당히 언짢았다. 이때 필요한 단어가 '포용'이다. 내가 잘못을 한 것은 맞다. 어차피 관리규약은 변경되었다. 되돌리기에는 너무 늦었다. 그저 다시 선거관리위원을 뽑는 것이 해결책이다. 이제 선거관리위원 뽑는 데 노력을 집중하면 된다. 그런데 내가 이런 말을 하니까 회장은 기분이 나빴을 것이다. 자기의 잘못을 드러내는 말이니 말이다. 그래서 '포용' 감정근육으로 나의 잘못을 포용하였다. 행동적으로는 말대꾸를 안 하고 그저 가만히 있었다. '포용'의 단어를 활용하여 나의 마음속의 분노와 죄책감을 동시에 떨쳐 버렸다.

분노

　행위사분면의 제3사분면의 감정으로 남이 잘못한 경우에 발생하고, 상대는 적대적 약자로서 사용할 감정근육은 버림, 포용, 관망, 시도이다. 분노를 바로 표출하면, 대인관계는 좋을 수가 없다. 우선, 참고, 포용하여야 한다. 따라서 분노에 대항하는 단어는 '포용'이다. 상대방이 잘못을 하면, 그 잘못으로 인하여 나는 피해를 받게 되므로 나는 상대방을 적대적으로 대하게 된다. 그리고 잘못된 부분에서는 상대방은 나에게 약자이다. 따라서 상대방은 적대적 약자가 된다. 적대적 약자를 '호'자로 시작하는 말로 바꾸면 '호로새끼'가 된다. 호로새끼를 보면, 나의 마음속에는 분노라는 감정이 생기며, '분노'는 비난하고 싶은 욕망이 생기게 한다. 내가 잘못하였을 때, 보통 대부분의 사람들은 나를 비난한다. "나도 비난을 받았으니, 너도 비난을 받아라", "받은 대로 주겠다", "복수하겠다", 이런 마음을 버려라. "나는 비록 너한테 비난을 받았지만, 나는 너에게 비난을 하지 않겠다"라는 부처 또는 예수의 마음을 가져라. 그렇다고 계속 참으면 안 된다. 계속 내가 참게 되면, 상대방은 자기의 잘못에 대하여 인지를 하지를 못하게 된다. 인지하더라도 둔하게 인지하게 된다. 정답은 '나전(나전달법)'이다. 상대방과의 인간관계가 깨질까 봐, 말도 못하고 상대방의 잘못을 방치하기가 쉽다. 그러면 상대방은 자기의 잘못을 몰라 계속 잘못을 반복할 수 있다. 이것이 계속 반복되다 보면, 어느새 나의 인내심의 한계까지 오게 되어 결국 분노를 폭발하게 되고, 이로 인하여 상대방과의 인간관계에서 건너지 못하는 강을 건너게 될 수 있다.

그렇기 때문에 참는 것이 능사가 아니다. 계속 반복적인 잘못을 하는 상대방에게는 참지 말고, 시도하라. 시도의 의미는 분노의 감정을 배제하고 냉철한 이성으로 호소하거나 잘못된 부분의 지적을 하는 것이다. 호소를 강력히 하는 방법이 있다.

"계속 ~ 하시면 저는 고소할 수밖에 없습니다."

"계속 ~ 하시면 저는 지시불이행으로 처리할 수밖에 없습니다."

문맥상으로는 예의 바르지만, 협박성 문구이다. 상대방은 뜨끔할 것이다. 호소는 다른 말로 대체하면 나전달법이 된다. 너 전달법은 '너'가 주어이다. 예를 들면 "너는 나쁘다"이다. 이런 말을 들으면 누구나 기분이 상한다. 그래서 너 전달법은 좋은 결과를 만들지 않는다. 이에 반하여 나전달법은 '나'가 주어이다. 예를 들면 "너로 인하여 나는 너무 힘들다"이다. 그래서 나 전달법을 다른 말로 '호소'라고 할 수 있겠다. 호소는 호로새끼의 마음에 미안함을 불러일으킨다. 호로새끼는 앞으로 같은 잘못을 안 하려고 애쓰게 될 것이다. 도덕, 윤리, 법에 어긋나는 타인의 행동을 보면 인간은 분노가 생긴다. 그러나 동물의 사회에서는 도덕, 윤리, 법률이 없다. 오로지 힘의 논리에 의해서만 좌우된다. 적대적 강자는 공포를 일으키고, 적대적 약자는 분노를 일으킨다. 인간도 동물이다. 경찰, 군대 등에 의하여 보호받고 있지만, 이 보호가 사라지면 동물과 마찬가지의 입장이 된다. 근본적으로 인간도 동물과 마찬가지로 적대적인 강자 앞에서는 작아지고, 적대적인 약자 앞에서는 커진다. 호사분면에서는 적대적인 약자를 호로새끼로 표현하였다.

— 버림

도로 위의 분노(Road Rage)라는 말이 있다. 도로상에서 추월을 당하거나, 다른 이유들로 많은 운전자들이 화를 참지 못하여 공격적인 행동을 하는 것을 말한다. 야구방망이를 차에서 가져나오기도 하고, 미국에서는 총을 쏘는 운전자도 있고, 상대방의 차를 다시 추월하여 급브레이크를 밟는 경우도 있다. 너무나 위험하면서 범죄행위이기도 하다. 역시 인내가 여기서도 필요하다. 아내를 폭행해 이혼당하고 연예계에 나오지 못하는 연예인도 있다. 역시 분노를 참지 못한 경우이다. 이것 말고도 분노를 참지 못하여 그동안 쌓아온 모든 노력을 물거품으로 만드는 일은 다반사다. 분노는 원시시대에는 꼭 필요한 감정이었다. 식량을 확보하여 생명을 유지하고, 짝 찢기 상대를 확보하여 종족보존을 하기 위하여서는 분노의 감정이 필요하다. 분노의 감정은 나의 에너지를 최고로 끌어올려 경쟁자를 제압할 수 있게 해주기 때문이다. 그러나 현대로 오면서 이 분노의 감정이 오히려 해가 되고 있다. 현대는 인간관계를 잘 이끌어야 성공할 수가 있다. 그런데 분노는 이 인간관계에 결코 좋지가 않다. 인내는 이미 생겨버린 분노를 없애는 단어이다. 그러나 버림은 처음부터 아예 분노를 생기지 않게 하는 단어이다.

진화론에서 적자생존이라는 말이 있다. "이긴 자가 살아남는다"는 말이다. 지고 싶어하는 사람은 없다. 누구나 이기고 싶어 한다.

이기려는 욕망이 충족되지 않을 때, 분노가 생긴다. 이 분노를 없애려면 이기려는 마음을 버리면 된다. 져 주는 것이다. 지는 것이 아니라져 주는 것이다. 져 주면 분노는 사라진다. 내가 싸워 이길 상대는 분노를 일으키는 상대가 아니다. 분노 자체가 나의 상대이다. 지피지기면 백전백승이나. 상대를 알아야 상대를 이길 수 있다. 상대가 분노이므로 분노가 너무 클 때는 마음속의 분노를 보라. 분노가 보이면, 분노를 이길 수 있다. 분노를 보면서 버림 감정근육을 사용하라. 분노가 일어났을 때, 그 분노를 없애는 것이 시급하다. 그 분노를 폭발한 순간 그동안 쌓아온 모든 것을 잃을 가능성이 커진다.

— 포용

버림 감정근육으로 분노를 가라앉혔으면, 포용의 자세로 남아 있는 여분의 불씨, 즉 분노를 완전히 없애버리자. 그러면 다른 일을 할 마음의 여유가 생기게 된다.

— 관망

역지사지라는 말이 있다. 상대방의 입장에서 생각해보라는 말이다. 분노는 상대의 입장을 생각해서 이해가 되면 사라진다. 나의 입장만 생각하면 분노는 계속된다. '역지사지'는 본인이 남의 입장을 생각해 보자는 말이지, 남을 설득할 때 쓰는 말은 아니다. "역지사지라는 말이 있듯이 당신이 한 번 나의 입장을 생각해 보세요!" 라고 상대방에게 말하는 것은 역풍이 올 수 있다. 상대방은 바로 "그렇다면, 당신도 역지사지로 나의 입장을 생각해봐요!" 이렇게 말할 것이다. 상대방의 입장보다 더 객관적인 것이 있다. 그것은 제3자의 눈으로 보는 것이다. 그리고 현장에서 멀리 떨어져 그 현장을 보면 더욱 객관적이 될 수 있다. 그래서 관망의 자세가 필요하다.

— 시도

내가 잘못하면 남들은 나를 비난할 것이다. 비난이 들어오면 그 비난을 포용하자. 그러나 남이 잘못하였을 때 남들이 나를 비난하였듯이 똑같이 남을 비난하지 말자. 그렇다고 남의 잘못을 그대로 방치하여 똑같은 잘못을 계속하게 하면 안 된다. 남들이 잘못하면 그것을 고치는 방법은 비난이 '나 전달법'으로 시도하는 것이다. 나 전달법은 '나'가 주어이다. 반면에 너 전달법은 '너'가 주어이다. 나 전달법은 예로 들면 다음과 같다.

"너가 이렇게 해서 내가 힘들다."

너 전달법은 예로 들면 다음과 같다.

"너가 이렇게 해서 너는 나쁘다."

나 전달법은 일종의 호소이다. "너는 강하기 때문에 너의 행동으로 내가 힘들어진다."라는 일종의 호소인 것이다. 여기서 해석을 하면 "너는 강하고 나는 약하다."라는 뜻을 담고 있기 때문에, 나 전달법으로 호소를 받으면 상대방에게는 미안함은 생길지언정 분노는 생기지 않는다. 반면에 너전달법은 일종의 비난이다. "너가 하는 행동은 잘못된 행동으로서 잘못된 행동을 한 너는 나쁘다."라는 일종의 비난인 것이다. 이것을 해석을 하면 "잘못된 행동을 한 너는 잘못된 행동을 하지 않는 나보다 못한 존재이다." 즉 "너는 나보다 약하다."라는 뜻을 담고 있어, 기분이 나빠지게 되는 것이다. 즉 상대에게 분노를 일으키는 대화법이다. 남들이 못한 면, 잘못을 지적할 때는 나 전달법으로 호소하자.

― 시도

사례1

아파트 관리사무소는 기사 다수, 과장 1~2명, 경리, 소장, 미화원 다수, 경비 다수 이렇게 구성이 되어있다. 그런데 이들 중 소장이 조직상 맨 위의 꼭대기에서 조직을 관리한다. 소장은 위탁관리회사가 파견한 사람이다. 그리고 소장의 위에 동대표들이 있다. 이 동대표들이 미움을 먹으면, 소장을 내 보는 것은 식은 죽 먹기이다. 위탁관리회사에 전화만 하면 회사가 알아서 다른 사람으로 바꾸어 주기 때문이다. 그런데 소장 밑의 직원들 중 하나가 동대표들과 언니 동생, 형 아우 하는 사이로 변하면 골치가 아파진다. 소장이 이 직원을 함부로 대할 수 없는 어려운 사람이 되기 때문이다. 직원은 동대표의 빽을 믿고, 소장의 지시 사항도 거부할 수도 있다. 조직이 이렇게 되면 이제 이 조직은 산으로 갈 수밖에 없게 된다. 내가 소장으로 재직 중이던 관리사무소의 경리가 동대표 중 한 사람과 언니 동생 하는 사이가 되었다. 어느 날 경리가 전화 통화하는 소리를 들었다. "…님, 고맙죠, 나가겠습니다."

누구하고 통화한 것이냐고 묻자, 대표들 중 한 사람인 총무이사하고 통화한 것이었다. 오늘 점심식사를 같이 한다는 것이었다. "같이 식사를 하다 보면 아무래도 내부 정보를 말할 수밖에 없다."라고 하면서 앞으로는 식사를 같이 하지 말라고 내가 말하자, 경리는 이렇게 답하는 것이었다. "저 소장님 욕 안 해요. 걱정하지 마세요." 앞으로도 계속 식사를 같이 하겠다는 말이었다. 너무 신경이 쓰여서 주위 아는 소장들 중 5명에게 전화를 하여 내가 어떻게 처신을 하여야 하는지 물어보았다. 2명은 모르는 척 내버려 두고 소장일만 빈틈없이 처리하며 약점을 보이지 말라고 답하고, 2명은 그 경리를 내보는 것을 추진하라고 답하고, 1명은 경리를 이해시켜 앞으로 하지 못하게 하라고 조언을 해 주었다. 소장들 중 스트레스를 받아 일찍 죽는 사람도 많다는 이야기도 들리고, 소장이란 직업이 내성적인 나에게 맞지도 않기 때문에 어차피 소장 직업은 1년만 하고 다른 길로 갈 생각이었다. 그리고 최근에 주위 사람들 중 젊은 사람이 과로로 죽는 경우도 보았다. 이런저런 생각으로 밤새 생각을 하며 고민을 내린 끝에 결론을 내렸다. 처음 2명처럼 모른척하면서 내 일을 충실히 하기에는 너무 직장 생활이 힘들어지고, 스트레스를 많이 받을 것 같았다. 나도 사람인데 100점 만점으로 완벽히 일을 처리할 수도 없고 그렇게 힘들게 일하고 싶지도 않고, 경리가 동대표하고 식사하면서 위세를 부리는 꼴도 보기 싫었다. 다른 2명처럼 경리를 내보내는 것으로 추진하기에는 남을 해치지 않는 내 가치관에 맞지도 않고, 경리와 언성을 높이고 싸움하는 것도 힘들어질 것 같았다. 마지막 1명의 경리를 이해시키라는 조언이 마음에 들어 그것으로 결론을 내렸다. 다음 날 아침에 경리를 제외하고 전 직원을 회의실로 불러 앞으로 절대 동대표들과 식사 등의 개인적인 친분을 쌓지 말라고 당부하였다. 물론 그 이유를 상세히 설명하였다. 그리고 경리만 따로 불러 똑같은 말을 하였다. 안 좋은 상황을 그대로 둘 수 없는 경우는 과감하게 시정할 것을 요구하는 '나전달법' 시도하여야 한다.

─ 포용

사례2

1982년 우 순경 사건이 있다. 파리 한 마리 때문에 61명이 죽은 사건이다. 동거녀와의 사이가 좋지 않았던 우 순경이 야근 후, 집에서 자고 있는데 파리 한 마리가 가슴에 붙었다. 동거녀가 파리가 붙은 가슴을 손바닥으로 치는 바람에 잠에서 깼다. 불쾌하게 잠에서 깬 우 순경은 동거녀와 싸운 후, 계속 끓어오르는 분노를 참지 못하여 많은 사람에게 총을 쏴서, 주민 55명을 사살하고 많은 사람들을 부상케 하였다. 부상을 당한 사람이 그 이후, 6명 더 죽어 총 61명이 죽었다. 우 순경이 '포용'으로 동거녀를 용서하여 분노를 다스릴 수 있었다면, 이 사건은 벌어지지 않았을 것이다.

— 포용

일본은 섬나라이기 때문에 죄를 지고 어디 도망가 숨을 곳도 없다. 그래서 나라에서 하지 말라고 하는 것은 하지 않는다. 어떤 가업이 아무리 천한 가업일지라도 대를 이어서 그 가업을 이어간다. 나라에서 다른 직업을 금하기 때문이다. 일본에서는 닌자가 있다. 닌자는 평소에는 그저 평범한 옆집 아저씨이다. 그러다가 암살할 사람이 있을 때, 조용히 아무도 모르게 암살한다. 이렇기 때문에 일본에서는 원수를 만들지 않는다. 원수를 만들었다가는 쥐도 새도 모르게 죽을 수 있기 때문이다. 아무리 화가 나더라도 참고 견뎌내야 한다. 즉, 피해를 포용하여야 한다.

· · · · ·

질투

　행위사분면의 제1사분면의 감정으로 남이 잘한 경우에 발생하고, 상대는 우호적 강자로서 사용할 감정근육은 버림, 포용, 칭찬이다. 질투는 우월한 사람을 보면서 자신의 열등함이 느껴지기 때문에 생긴다. 우선 마음속에서 질투를 버리고 진실된 마음으로 상대방을 칭찬하라. 상대방이 무엇인가를 잘하게 되면, 그 무엇인가에 대하여서는 나보다 강자이다. 그렇다고 나에게 특별히 적의를 품지도 않는다. 그러므로 상대방은 우호적 강자가 된다. 우호적 강자를 '호'자로 시작하는 말로 표현하면 '호인'이다. 호인과 나는 서로 적대적이지는 않지만, 나의 마음속에는 질투라는 감정이 생기게 된다. 이때, 감정의 노예가 되어, 질투하지 말고, 호인을 보면 바로 '칭찬'하라. 능력있는 호인을 나의 편으로 만들 수 있게 된다. 이 칭찬은 후에 내가 잘못하였을 때, 그 잘못으로 인하여 나에게 오는 비난의 양을 줄어들게 할 것이다. 왜냐하면 나에게 칭찬받은 호인은 비난보다는 충고, 조언, 포용을 선택할 것이기 때문이다.

― 버림

슬픔을 극복하는 방법은 버림이다. 상대방의 잘난 점에 대하여 더 이상 미련을 갖지 말고 그 잘남을 가지려고 애쓰지 말고 버리자. 질투의 마음을 버려라.

― 포용

현실을 포용한다.

― 칭찬

감정의 노예가 되었을 때, 질투의 감정이 생기면, 그 사람의 다른 단점이나 못한 것을 생각해내어 그 점을 비난한다. 그러지 말라. 오히려 칭찬하라. 인간관계는 져주기가 기본이다. 질투 시 칭찬하는 것도 일종의 져주기이다. '미운 놈 떡 하나 더 준다'는 말이 있다. 밉지만, 칭찬이라는 선물을 주는 것이다. 칭찬을 항상 하는 사람들은 그 칭찬의 값어치가 떨어진다. 칭찬을 안 하던 사람이 칭찬하면, 칭찬을 항상 하던 사람이 하는 것보다 효과가 크다. 평소 별 의미없는 칭찬들은 자제하라. 질투가 생겼을 때, 칭찬하라. 질투가 생겼을 때는 그 사람과의 인간관계를 높이는 절호의 기회이다.

질투의 감정이 생기는 것은 나보다 질투를 불러일으키는 상대가 잘났다는 것을 알았기 때문이다. 바로 그 잘난 점을 지체하지 말고 바로 칭찬하는 것이다. 칭찬받은 그 사람보다 칭찬한 당신에게 인생에서의 이득이 더 돌아갈 것이다. 칭찬의 재료는 잘난 점 또는 잘한 것이다. 열심히 일하는 과정에 대한 칭찬도 좋다. 상대방이 잘했을 때는 칭찬하지만, 내가 잘했을 때는 자랑하지 말라. 내가 잘했을 때는 겸손하라. 용불용설이라는 말이 있다. 쓰면 쓸수록 좋아지고 쓰지 않으면 나빠진다. 평소 단점만 보는 사람들은 단점을 잘 보지만, 장점은 잘 못 본다. 그러다 보니 회식자리에서 할 말이 없어 꿀 먹은 벙어리가 된다. 그러나 장점을 잘 보는 사람들은 이때, 분위기를 띄운다. 같이 참석한 사람들의 장점을 많이 알고 있으므로, 그 장점들을 이야기하다 보면 듣는 사람도 기분이 좋고 시간이 즐겁게 잘 가는 것이다. 회식자리에서 싸우는 사람들은 항상 단점을 잘 보는 사람들이다. 술 기운에 용기가 생겨, 평소의 불만이나 상대방의 단점을 충고라는 이름으로 참석한 사람에게 상처를 주는 것이다. 논쟁에서는 무조건 상대방을 비난하는 것은 좋지 않다. 상대방이 주장하는 것의 좋은 점을 먼저 칭찬을 하고서, 그 다음에 나쁜 점을 이야기하는 것이다.

─ 칭찬

사례1 바둑을 두게 되면 지거나 이기게 된다. 졌을 때, 화가 나서 자기 자신을 욕하는 사람이 있다. 질투의 화신이 화를 북돋우고 있기 때문이다. "못난놈 그것도 모르다니…." 하면서 자기 자신을 욕하는 사람을 보면, 이긴 사람은 기분이 좋지 않게 된다. 못난 놈을 이겼으니, 이기고도 기분이 좋지 않은 것이다. 이왕 이기려면 잘난 놈을 이겨야 기분이 좋은 것이다. 바둑이나 기타 게임에서 졌을 때, 이긴 자를 칭찬하라. "야~ 대단한데~ 어떻게 그런 묘수를 두지!" 이 이야기를 듣는다면 이긴 자가 얼마나 기분이 좋겠는가? 이긴 자도 기분이 좋고, 진 나는 못난 놈으로 떨어지지 않게 된다.

칭찬은 상대방을 올리는 역할만 하는 것이 아니고, 밑으로 떨어지는 나를 붙잡는 역할도 한다. 서로 윈윈하는 것이다.

― 칭찬

사례2

필자가 소장으로 있는 관리소에서 기전기사 A가 새롭게 입사하였다. 그런데 주간에 일을 너무 많이 해 피곤한 상태에서 야근을 하게 되었다. 24시간 맞교대 근무라 피곤하더라도 야근을 해야 한다. 밤 11시가 넘어 너무 피곤하여 전화코드를 빼고 잠을 잤다. 그다음날 아침이 되어 그는 전화코드를 다시 꽂아 놓는 것을 깜빡하고 퇴근하였다. 교대 받은 조의 다른 기사가 그 사실을 그대로 과장에게 보고하였다. 과장은 그 사실을 나에게 보고하였다. 어떻게 보면 바로 사표 처리를 할 수도 있는 일이었다. 사고가 나서 민원전화가 왔을 때, 전화를 못 받아 사고처리가 초반에 안 되어, 대형 사고로 갈 수도 있는 문제였기 때문이다. 어쨌든 주의 조치를 하고 끝났지만, 이러한 경우의 인간관계 측면을 보자.

평소 기전기사 A가 고자질을 한 기전기사들과 교대하면서 그들의 전날 처리한 업무를 보면서 그들의 수고한 것을 칭찬하는 말을 자주 하였다면, 칭찬을 자주 들은 그들이 고자질을 하였을까? 아마도 앞으로는 그러지 말라고 본인에게 조언만 하고 고자질은 하지 않았을 것이다. 이렇게 평소의 칭찬의 습관화는 본인의 직장생활의 위기를 막아 줄 수도 있는 것이다.

― 칭찬

사례3

경비원 A가 어이없는 이유로 나가게 되었다. 다른 경비원 B가 이 나가는 경비원 A에 대하여 구명의 손길을 뻗치기 위하여 소장에게 부탁을 하였다. 소장이 답하였다. "이 사건은 내가 아니라 회장이 진행하는 것인데 내가 이야기한다고 될까요?" 경비원B가 답했다. "소장님은 할 수 있습니다." 경비원B의 칭찬에 소장은 웃으며, 흔쾌히 그 부탁을 받았다. 물론 경비원A는 그만두었지만, 소장에게 구명을 해달라고 부탁하여 그 부탁을 소장이 들어주게 하는 경비원B의 대화술은 놀라울 정도로 탁월했다. 이 대화술의 핵심은 "소장님은 할 수 있습니다."라는 칭찬이다. 칭찬은 이렇게 부탁을 할 때에도 유용하게 써먹을 수 있는 기법이다.

· · · ·

기쁨

　행위사분면의 제4사분면의 감정으로 내가 잘한 경우에 발생되며 상대는 우호적 강자이고 사용할 감정근육은 능동, 배려, 칭찬이다. 게임에 이기면 나는 기쁘다. 그러나 진 상대방은 기쁘지 않다. 이때 혼자기쁨에 겨워 흥얼거리고 기쁨에 만취한 모습을 보인다면, 상대방은 그것을 좋게 받아들여지지 않을 것이다. 어떤 일을 여러 명이 공동으로힘써 성공적으로 마쳤다. 그중에서 나의 공로가 가장 컸다. 같이 일한다른 사람들이 그것을 모두 알고 있다. 그렇다 하더라도, 잘난 체를 하면 안 된다. 다른 사람들의 마음속에는 질투라는 감정이 생겨 있을 것이다. 내가 기쁠 때 다른 사람들은 그렇지 않다는 것을 알고 상대방의마음 상태를 들여다보라. 상대방을 배려하여 나의 기쁨을 감추고, 상대방을 위로하라. 오히려 공로를 상대방에게 돌려라. 상대방이 한 역할을 부각시켜 칭찬하라. 그래서 기쁨에 대항하는 단어는 '칭찬'이다.

　내가 잘하게 되면, 그 잘한 부분에서는 상대방은 나와 비교하여 약자가 된다. 그렇다고 내가 상대방에게 특별히 적대감을 갖지는 않는다. 따라서 상대방은 우호적 약자가 된다. 우호적 약자를 호사분면에서는 '호'자로 시작하는 말로 '호구'가 된다. 호구들은 잘하는 나를 보면서 질투하게 된다. 질투하고 있는 상대방 앞에서 내가 잘한 것을 자랑하게 되면, 질투라는 휘발유에 불을 붙이는 격이 되어, 호구들은 우호적에서 적대적으로 급속히 변하게 된다. 호구가 아니라 호로새끼나 호랭이로 돌변할 수 있다. 나를 자랑하지 말고 겸손하게 오히려 상대방에게 그 공덕을 돌려 상대방을 칭찬하라. 오히려 상대방을 '칭찬'하라. 상대방이 칭찬하면, "아닙니다. 모두 당신의 덕분입니다." 이런 식으로 겸손하게 오히려 상대방을 칭찬하자. 나의 잘함이 더욱 인정받게 될 것이다. 내가 잘한 것을 상대방들은 모두 잘 알고 있다. 그렇기 때문에 질투하고 있는 것이다. 굳이 내 입에서 나의 잘함을 이야기하여 반감을 갖게 할 필요가 없는 것이다. '겸손'이라는 단어가 있다. 내가 잘했을 때, 생각나는 단어는 보통 겸손의 미덕이라는 말이 있다. 그러나 겸손은 나를 내리는 단어로서 전체적으로 우리라는 여러 명이 이룬 공로 전체를 내리는 결과가 나올 수 있다. 그래서 같이 일한 우리 중 다른 사람들을 칭찬하면, 전체적 공로도 내려가지 않는다. 그리고 일을 잘한 나보다 다른 사람들이 더 잘했다고 하는 것이기 때문에 상대방의 가치도 같이 올라가는 것이다. 내가 일을 잘하거나, 능력이 뛰어나다고 할 때, 이 모든 것들은 상대적으로 주위의 다른 사람들이 나보다 못할 때 발생하는 것이다. 주위의 사람들이 나보다 잘난 사람들이 있다면 그 정도의 성취도는 크게 주목받지 못할 것이다. 누구나 할 수 있는 일이기 때문이다. 그래서 이 경우에는 주위의 사람들을 상대적으로 우호적 약자라고 할 수 있다. 즉 호사분면에서는 우호적 약자를 '호구'로 표현한다. 이 경우에는 상대적으로 호구가 된 주위의 사람들이 내가 어떻게 하느냐에 따라 갑자기 적대적으로 변할 수 있음에 주의하여야 한다. "기쁨은 함께하면 커지고 슬픔은 함께하면 작아진다."는 말이 있다. 내가 잘났을 때는 상대방들은 질투로 인하여 슬퍼진다. 그러므로 내가 기쁠 때는 겸손해져야 한다. 즉 나의 이 기쁨을 다른 사람과 함께할 생각을 버리고, 오히려 상대방에게 공을 돌리면서 상대방을 능동적으로 칭찬하라.

— 버림

내가 잘한 것을 자랑하고 싶고, 인정받고 싶은 마음을 버린다.

— 배려

게임에서 승자가 되면 혼자 기뻐하지 말라. 기쁨을 감추고 진 패자를 위로하라. 진 패자와 슬픔을 나누라. 진 패자와 나의 기쁨을 나눌 생각을 버리고, 진 패자의 슬픔을 나누어 가지라. 이것이 배려이다.

— 칭찬

회사에서 큰 업적을 올렸을 때, 주위의 다른 동료들은 상대적으로 패배의식을 갖게 된다. 큰 업적을 올릴수록 위기감을 느껴야 한다. 주위 동료들이 친구에서 적으로 변할 수 있기 때문이다. 큰 업적을 올리면 위기감을 느끼고, 겸손한 마음을 가지고 오히려 주위 사람들을 칭찬하라. 그러면 그 업적은 더욱 칭송받게 되나, 자랑을 하면 그 업적은 반감될 것이다. 타인이 나를 칭찬하든 말든 신경을 쓰지 말라. 칭찬을 타인이 안 하더라도, 마음속으로는 당신이 잘한 것을 다 알고 있다. 겸손하다는 것은 져주는 것이다. 인간관계의 기본은 져주기이다. 유머로서 "하기실음관두등가(河己失音官頭登可)"라는 말이 있다. 읽는 대로 해석하면 "하기 싫으면 관두라"는 말이지만, 한자로 해석하면 "물처럼 소리 없이 열심히 일하다 보면 높은 자리에 올라갈 수 있다."라는 말이다. 일을 잘하고, 그 잘함을 자랑하지 말고, 겸손하면 높은 자리에 올라갈 수 있는 것이다. 타인이 잘했을 때는 바로 타인을 칭찬하듯이, 내가 잘했을 때도 타인을 칭찬하라. 상대방이 나를 칭찬하면 "아닙니다. 오히려 당신의 도움이 더욱 큰 힘이 된 것입니다." 라고 바로 화답하라. 정작 잘난 사람은 자기 본인이지만 오히려 주위의 다른 사람을 칭찬하는 겸손한 당신이 더욱 돋보이게 된다.

— 칭찬

사례1

필자는 바둑을 좋아한다. 바둑에서 지면 화가 엄청 많이 난다. 열심히 모든 지혜를 총동원하여 열심히 바둑을 두었는데 상대방에게 지면 엄청 자존심이 상하기 때문이다. 반대로 이기면 기분이 좋다. 불리한 게임을 반대로 묘수를 두어 이기게 되면 그 기분은 말할 수 없을 정도이다. 노래가 절로 나오고, 웃음이 절로 나온다. 반대로 상대방은 유리했던 게임을 졌으므로 무척 자존심이 상하고 기분이 나쁘게 된다. 나의 엄청난 묘수가 비열한 꼼수로 생각이 들 것이다. 이런 상대방 앞에서 너무나 기뻐 마구 웃으며 노래를 불러 보아라. 상대방은 더욱 기분이 나쁠 것이다. 잘못되면 물리적 싸움으로 진행될 수도 있다. 이기더라도 진 상대방을 칭찬하라. "아주 어려운 싸움이었습니다. 간신히 이겼습니다." 이런 식으로 칭찬하라. 이겨도 칭찬하고, 져도 칭찬하라.

— 칭찬

사례2

관리사무소 과장으로 있을 때의 일화이다. 주말에 집에서 쉬고 있는데 전화가 왔다. 어떤 세대의 싱크대에서 물을 쓰지 않는데도 남의 집 하수물이 역류하여 올라온다고 하였다. 긴급 상황이었다. 빨리 공용 하수배관의 막힌 부분을 뚫어야 했나. 나를 포함하여 관리사무소 직원 대부분이 긴급 출근하여 통수 작업을 완료하였다. 모인 사람들의 생각이 합쳐지면서, 막힌 부분을 간신히 찾아내었다. 그중에서 내가 가장 좋은 생각을 낸 것 같다. 그 이유는 내가 가장 오래 있었고, 과장으로 연구를 가장 많이 하였기 때문이다. 그리고 집에 다시 들어 왔다. 그런데 잠시 후 전화가 왔다. 당번으로 근무를 하고 있는 직원A였다. 월요일 출근하면 직원B가 혼자서 일을 다 처리했다는 식으로 자기 자랑만 하고, 다른 사람들을 비난할 것이라는 것이었다. 만약에 그렇게 하면 과장님이 만류할 것을 부탁하는 것이었다. 그런 행동을 계속 방치하면, 소장이 그 사람 말만을 믿고 다른 사람들에 불이익을 줄 수 있다는 것이었다. 나는 그것을 믿지 않았다. '설마 그러려고….'

월요일 아침이 되어 아침회의를 하였다. 아니나 다를까 직원 B가 정말로 그렇게 하는 것이었다. 심지어는 자기의 상사인 과장인 나도 비난의 대상에 포함되는 것이었다. 직원A가 무슨 족집게 무당처럼 맞춘 것이었다. 얼마나 자주 직원B가 그렇게 했으면 직원A가 족집게 무당이 되었겠나 싶었다. 그냥 놔두면 큰일 날 상황인 것이었다. 직원 B가 비난하듯이 일 처리 내용으로 논쟁하지 않았다. 일 처리 내용으로 누가 잘했고, 누구의 생각은 틀렸고 하다 보면 답이 나오지 않을 수 있다. "비난하지 마시고 칭찬하세요."라는 말만 반복하여 직원B를 나무랐다. 그다음 날 아침에 또 이야기하였다. "비난하지 마시고 칭찬하세요." 그러자 직원B는 이렇게 항변하였다. "비난이 아니라 충고입니다." 내가 답했다. "충고하지 마시고 칭찬하세요." 그때 나에게 고자질하였던 직원A가 출근하였다. 그러자 직원B는 그 사실도 모르고 직원A에게 본인 편을 들어줄 것을 요청하는 것이었다. 내가 그 모든 사실을 직원B에게 말을 하자, 직원B는 완전히 맨붕상태가 되었다. 직원B가 물론 일을 평소 잘하였다. 그리고 그 통수작업에도 기여를 하였다. 그런데 겸손하지 않고 상대방을 비난한 것이 이 직원에게 위기를 불러오게 된 것이다.

잘할수록 겸손하게 자기의 공덕을 타인에게 돌려 오히려 타인을 칭찬하여야 한다. 익은 벼가 고개를 숙이는 것이다.

― 배려

사례3

　　필자가 작은 회사에 다닐 때 있었던 일이다. 위식도역류를 방치하다 보니, 폐로 위산이 들어가면서 급성폐렴이나 폐 속의 작은 피떡이 생겼다. 이 피떡들이 혈관을 돌면서 경미한 뇌경색을 자주 일으켰다. 바둑 실력이 2단계나 떨어지고, 반신마비들이 경미하게 반복되었다. 혀 반쪽이 말려 올라가, 말려 올라가는 혀를 강제로 손을 집어넣어 펴서 내리고, 한쪽 다리에 감각을 잃으면서 차가운 화장실 바닥이 한쪽 발은 느끼지 못했다. 모든 세상이 왼쪽과 오른쪽의 수평이 다르게 느껴져, 이상한 걸음걸이로 걷게 되기도 하였다. 한쪽 팔의 힘은 약해지기도 했다. 차가운 물을 삼키면 식도의 한쪽만 시원함을 느끼고 다른 쪽은 물이 내려가는 것을 느끼지 못했다. 진짜 너무나 기이한 경험이었다. 그런데 등산을 하면서 많이 회복되었다.

　사람의 두뇌는 평소 20%만 사용한다고 한다. 이렇게 뇌경색으로 뇌의 일부분을 못 쓰게 되면 사용을 안 하던 80%의 일부가 그 기능을 이어받아 사용 모드로 간다고 한다. 이 회사에서 뇌경색으로 인하여 아침에 어떤 업무적인 전화를 관련 업체에서 받게 되면 몇 시간도 안 되어 그 사실을 완전히 까먹게 되어 업무가 이어지지 않게 되는 일이 자주 발생하였다. 이런 일 말고도 많은 업무적인 실수나 잘못을 하게 되었을 것이다.

　어느 날 이런저런 사유로 사표를 사장에게 제출하였다. 그러자 사장은 내가 사표를 내기를 기다렸다고 하면서 사표를 수리하는 것이었다. 물론 나의 잘못이 워낙 크기 때문에 기분은 살짝 나빴지만 참을 수밖에 없었다. 송별회에서 사장이 이렇게 또 말하는 것이었다. "오늘 기분이 참 좋네~" 반대로 나의 기분은 진짜 시쳇말로 뭐같았다. 10년이 훨씬 지났지만 지금도 그 기억이 생생할 정도이니 말이다. 아무리 내가 회사를 그만두는 것이 사장 입장에서는 좋더라도 내 앞에서 "기분이 좋다"라고 말하는 것은 나의 감정을 무시한 너무 심한 말이 아닌가? 본인이 잘한 것을 자랑하지 말고, 겸손해야 하는 것은 당연하지만, 남이 못해서 상대적 급부로 자기에게 유리하게 될지라도 그 기쁨을 함부로 표현해서는 안 된다. 자기가 기분이 좋을 때, 바로 앞의 상대방은 그렇지 않다는 것을 알고, 상대방을 배려하여 기쁨을 자제할 줄 알아야 한다.

Chapter 05
호감사분면

．．．．．

　구분 인자는 호감, 비호감이고, 해당 감정은 공포, 미안함, 조급함, 고독, 즐거움이다. 호감사분면은 감정사분면의 안에서 바깥방향으로 3 번째 사분면에 해당한다. 호감사분면은 호감, 비호감 문제이므로 개선 의 여지가 있다. 무조건 참는 상황이 아니라, '공포', '미안함'의 감정을 불러일으키는 상황에서는 '시도'로 개선을 시도할 수 있다. 호감사분면 을 표로 만들면 다음과 같다.

― 호감사분면 [특성]

	비호감	호감
	공미	락
나	결사	버림
	시도	배려
	인내	시도
	급	독
남	버림	버림
	포용	포용
	즐김	시도

― 호감사분면 [대상]

	적대적 (악)	우호적 (선)
	공미	독
강자	결사	버림
	시도	포용
	인내	시도
	급	락
약자	버림	버림
	포용	배려
	즐김	시도

— 비호감

내가 비호감 : 내가 주위 다른 사람들에게 배척을 당하고 있을 때, 결사하는 마음으로 용기를 내고 당당히 자기를 지키는 것을 시도(공격, 거절)하고, 상황을 인내한다.

남이 비호감 : 내가 느끼기에 내가 지금 상대하는 사람이 비호감일 경우, 그 사람을 배척하지 말고, 조급함을 버리고, 이후 그 사람의 모든 것을 포용하는 자세로, 현재를 즐긴다.

— 호감

내가 호감 : 주위 사람에게서 내가 호감을 받고 있을 때, 그렇지 못한 사람을 끌어들여 능동적으로 배려하며 대화를 나누는 것을 시도(전친)한다.

남이 호감 : 주위사람에게서 남이 호감을 받고 있을 때, 내가 상대적으로 호감을 갖지 못하여 밀려오는 질투, 외로움, 슬픔을 마음속에서 버린다. 있는 그대로의 나 자신을 포용한다. 그리고 부담없는 대화를 시도(청친)한다.

* 전친: 저자가 만든 말로서 직역하면 친구를 전달하다이고 의역하면 친구가 되어 준다는 뜻으로 사용하였다.
* 청친: 저자가 만든 말로서 직역하면 친구를 요청하다이고 의역하면 친구로 받아주기를 요청한다는 뜻으로 사용하였다.

· · · ·

공포

   자산사분면의 제2사분면의 감정으로 내가 비호감일 경우에 발생하고, 상대는 적대적 강자로서 사용할 감정근육은 결사, 시도, 인내이다. 여기서의 공포는 나를 공격하는 주체가 있을 때, 발생되는 공포이다. "공격이 최선의 방어"라는 말에 따라, 내가 반격할 대상이 있는 경우이다. 목숨이 위태로워지는 육체적 위해가 가해지고 있는 상황에서는 당연히 공포가 발생된다. 이때 발생되는 공포는 몸을 긴장시켜서, 피신시킬 수 있는 최적의 상태로 만든다. 즉 멀리 뛰기 위하여 몸을 움츠리는 원리이다. 공포가 없다면 사나운 육식동물에게서 몸을 피신시키는 데 시간이 오래 걸려 잡아먹히게 된다. 공포는 몸을 피신시키는 속도를 올리는 것이다. 적자생존의 자연 진화론에 따라 공포가 없는 피식 동물들은 모두 도태되어 멸종되었고, 공포가 있는 피식 동물만 현재의 세상에 있는 것이다.

   원시사회에서는 공포와 분노가 생존에 필수적인 요소이었다. 바나나와 사자가 있을 때, 바나나를 먼저 보는 초식 동물은 도태되었다. '바나나'는 식욕의 욕망을 충족시키는 긍정적인 요소인 기쁨을 불러일으킨다. '사자'는 죽음을 떠올리게 하는 부정적인 요소인 공포를 불러일으킨다. 이렇게 긍정과 부정이 공존할 때, 원시사회에서는 부정을 선택하는 것이 옳았다. 그러나 현대사회에서는 공포가 오히려 사회생활에 방해

된다. 현재 문명사회에서는 인간의 생명은 경찰, 군대 등 여러 주위의 요소들로 보호를 받고 있다. 생존은 보호를 받고 있는 상황이기 때문에 생명과 관계된 적대적 측면을 크게 볼 필요가 없다. 적대적 측면 만 보다 보면 사회 속에서 적대적인 사람으로 낙인이 찍히게 된다. 반대로 우호적인 측면을 보는 사람이 사회에서 환영받는 사람이 된다.

― 결사

공포는 몸을 얼어붙게 만들기 때문에, 원활한 유대관계 형성에 불리하게 작용한다. 그러므로 공포에 몸을 맡기면 안 된다. 공포를 다스려야 한다. '결사' 감정근육은 공포를 다스릴 수 있다. '결사'는 공포로 인하여 내려간 '기'를 다시 올리는 역할을 한다. '사즉생 생즉사'이다. 죽고자 하면 살고, 살고자 하면 죽는다. '결사' 감정근육으로 죽기를 각오하고 현실에서 도망치지 말고, 버티고 헤쳐나가자.

― 시도

여기에서의 '시도'는 공격의 의미이다. 상대방이 나에게 물리적 공격을 할 때는 가만히 맞아 죽는 것이 아니라, 나도 공격하여야 살 수 있다. 공포를 물리친 후, 다음 취해야 할 것은 '시도'이다. 필자가 정의하는 '공'은 대항이 가능한 상태에서의 '공포'이다. 따라서 '결사'로 용기를 불러일으키고 '시도'로 대항을 한다. 상대방에게 적의를 품지 말고, 또는 상대방이 나쁜 놈이라고 생각도 하지 말고, 그저 단순히 내가 제어를 하여야 할 대상으로만 생각하자. 이 대상을 어떻게 제어해야 하는지만 생각하고, 상대방의 약점을 파악하여 그 약점을 공격한다. 감정을 최대한 자제하고 침착한 상태에서 정확히 상대방의 약점을 공격하는 것이다. 상대방이 나의 목숨을 노리는 적이라면, 무기로는 칼(자기

방어용), 몽둥이(자기방어용), 총(전쟁의 경우), 주먹 등 다양한 것을 사용할 수 있다. 이 자기 컨트롤하는 방법(결사, 시도)은 강력계 형사, 전쟁 중 군인, 강력범들에게 당하고 있는 피해자 등에게 활용이 가능하다. 밤에 차를 몰고 운전하고 있다. 건너편에서 마주 오는 차량이 쌍라이트를 켜고 오고 있다. 그냥 그대로 지나가면 그 차량은 쌍라이트를 계속 켜고 지나갈 것이다. 당연히 나는 앞을 잘 보지 못하는 상태가 되어 위험해질 수 있다. 이때 나도 쌍라이트를 켠다. 즉 '시도' 감정근육을 사용하여 쌍라이트를 켜는 '시도'를 하는 것이다. 그러면 십중팔구, 상대방은 쌍라이트를 끈다. 그러면 나도 쌍라이트를 꺼주는 것이다. '공격이 최선의 방어'라는 말이 있다.

'시도' 감정근육을 사용하여 상대를 공격함으로써, '공' 감정을 극복하자.

— 인내

'시도'로 상대를 공격하면, 상대는 반격하게 된다. 이 반격이 무서워 '시도' 감정근육을 사용을 못하면 안 된다. 상대의 반격에 대한 대책으로 '인내' 감정근육을 사용한다.

— 시도

사례1

호랑이와 토끼가 산에서 만났다. 벌벌 떨고 있는 토끼에게 호랑이가 말했다. "지금 내가 배가 불러 너를 잡아먹지 않겠다. 가던 길을 계속 가라." 토끼가 말했다. "목숨을 살려 주어서 감사합니다." 다음 날 호랑이와 토끼가 만났다. 호랑이는 다른 짐승을 이미 잡아먹었기 때문에 어제와 같이 배가 부른 상태였다. 이번에는 토끼가 술을 먹어 정신이 없었다. 토끼가 먼저 말했다. "지금 내가 배가 불러 너를 잡아먹지 않겠다. 가던 길을 계속 가라." 호랑이는 황당하고, 화가 나서 바로 토끼를 잡아먹었다. 이 사례는 필자가 만든 이야기다. 공격할 능력이 있는 자가 공격을 안 하는 경우가 있고, 공격할 능력이 없는 자가 공격을 안 하는 경우가 있다. 후자는 공격을 못한다고 표현하는 것이 오히려 적절할 것이다. 호랑이는 강자이고 토끼는 약자이다. 호랑이는 공격할 능력이 있지만 공격을 안 하겠다고 말한 경우이고, 토끼는 공격할 능력이 없으면서 공격을 안 하겠다고 말한 경우이다. 강자인 호랑이는 약자인 토끼에게 피해를 주지 않기만 하여도 감사하다는 말을 듣는다. 그러나 약자인 토끼는 잘못하면 크게 화를 당한다. 동물세계에서는 물리적 힘이 센 자가 강자이다. 그러나 인간사회에서는 군대, 경찰 등 외적요인으로 인간들은 보호를 받고 있다. 육체적으로 약하더라도 정신적으로 강한 용기가 있는 사람은 강자가 될 수 있다. 여자도 강자가 될 수 있다. 용기가 있는 여자는 용기없는 남자보다 강하다.

호랑이가 될 것인가? 아니면 토끼가 될 것인가? 실제 피해를 받게 되면, '시도' 감정근육으로 공격을 시도할 수 있어야 한다. 나도 피해를 받으면 공격할 수 있다는 것을 주위에 알리는 것이다. 그래서 피해를 받아도 말도 못하는 약자가 되지 않는 것이다. 용기가 없는 사람은 피해를 받으면서도 할 말을 못한다. 이런 사람은 인생의 패배자로 될 수밖에 없다.

— **결사**

사례2

필자는 어려서부터 몸이 약하여 싸움을 거의 하지 않았으며, 싸움을 하여도 대부분 졌다. 그러다 보니 겁이 많았다. 회사에서 같이 일하는 사람이 있었다. 그는 과거에 좀 한가락 하였다고 평소 자기자랑을 하며 완력을 은근히 과시하였다. 한 번은 그 사람과 싸우게 되었다. 그는 대뜸 필자의 멱살을 잡았다. 성인이 되어서는 한 번도 싸운 적이 없었는데 멱살을 갑자기 잡히게 되니, 분노보다는 공포가 더욱 크게 밀려오는 것이었다. 이 공포로 인하여 얼굴이 완전히 하얘지면서, 온몸의 힘이 쫙~ 빠져나가는 것을 느꼈다. 온몸의 힘이 장전되어 공격을 하여야 하는데, 온몸의 힘이 빠져나가는 반대의 상태로 몸이 변하는 것을 느낀 것이다. 이렇게 되어서는 안 된다. 공포는 힘이 장전되는 것을 막고 오히려 힘이 빠져나가게 하는 것이다. 그래서 평소 '결사'를 마음속으로 연습을 많이 하여, 공포 상황에서 대처 불능의 신체가 되지 않게 하는 것이 중요하다. 내가 신체적 공격을 받을 때, 즉 '공 상태에서는 '결사'로 용기를 만들어 내야 한다.

· · · · ·

미안함

자산사분면의 제2사분면의 감정으로서 내가 비호감일 경우에 발생되고, 상대는 적대적 강자로 사용할 감정근육은 결사, 시도, 인내이다. 그대로 가만히 있으면 적대적 강자에게 나의 자산을 빼앗기게 될 경우에 상대방에게 'NO'라는 말을 '시도'할 수 있어야 한다. '시도'라는 단어로 영향을 줄 대상이 있는 경우에서 시도한 것의 장점이 단점보다 크다면 시도를 해야 된다. 이 '시도'에 의하여 상대방에게 피해가 생기게 된다. '미'는 이때 생기는 미안함이다. '시도'를 하게 되면 상대는 스트레스를 받는다. 그래서 나에게 역풍을 쏠 것이다. '인내' 감정근육으로 그 상황을 버텨낸다.

— 결사

상대방에게 피해를 주어야 하기 때문에 시도를 하고 나면, 상대방은 나에게 어떤 형태로든 공격을 할 것이다. 이 공격이 두려워 시도를 하지 못하면 인생은 실패할 것이다. 시도를 하기 위해서는 용기가 필요하다. 용기를 북돋우는 감정근육이 '결사'이다. '결사'로 기를 올려 시도를 하기 위한 준비를 한다.

— 시도

여기에서 '시도'의 의미는 상대방의 무리한 요구에는 거절의 의미이기도 하고, "대를 위한 소의 희생"을 선택하여 실행하는 것을 의미한다. 비난이나 야단을 맞을 것이 두려워 그 일을 하지 못하면 안 된다. 설령 비난이나 야단을 맞더라도, 용기 있게 일을 시도하라. 회사원들에게 생기는 병이 월요병이다. 주말을 쉬고, 다시 회사라는 전쟁터에서 상사에게 야단맞을 생각을 하면 회사를 출근하기가 무척 싫어진다. 회사에서 업무 중에 비난이나 야단을 맞을 것이 두렵다면, 월요일 출근하기가 싫어진다. 용기를 가지고 맞서라. 피하지 말라. 상대방에게 피해를 줄지 언정, 하고자 하는 바를 하여야 한다. 상대방이 보증을 서달라고 요구를 하고 있다. 또는 돈을 꿔달라고 요구를 하고 있다. 'NO'를 선택하여 시도한다. '결사' 감정근육으로 용기를 일으키고, '시도' 감정근육으로 과감히 'NO'를 시도한다. 당신은 현재 지도자가 되어있다. 많은 사람들의 공동의 이익을 위하여 일하는 자리이다. 대를 위한 소의 희생은 어쩔 수 없다. 과감히 시도하라. 소수의 희생자들에게 미안한 일이지만 대를 위한 소의 희생이라는 선택을 '시도'한다. 쌍라이트로 마주 오는 차량에 대하여는 같이 쌍라이트로 대항한다. '시도' 감정근육을 사용하여 쌍라이트를 켜는 시도를 하는 것이다.

— 인내

상대방에게 피해를 주어야 하기 때문에 시도를 하고 나면, 상대방은 나에게 어떤 형태로든 공격을 할 것이다. 이 공격이 두려워 시도를 하지 못하면 인생은 실패할 것이다. '인내' 감정근육을 사용하여 이 상황을 버틴다.

― 시도

사례1

필자는 젊은 시절에 컴퓨터가게를 운영한 적이 있다. 새로운 큰 매장을 오픈하게 되었는데, 그 당시에 유명했던 중견컴퓨터 ○○컴퓨터 대리점을 오픈하게 되었다. 이전에 운영하던 중소기업 컴퓨터 대리점은 현금으로 선입금을 하여야 물건을 받을 수 있었다. 그 대신에 담보는 없었다. 그런데 ○○컴퓨터는 담보 이외에도 연대 보증인까지 요구했다. ○○ 컴퓨터 본사에서는 담보와 연대 보증인이 있기 때문에 얼마든지 외상으로 물건을 주문하여 선입고를 받을 수 있었다. 반대로 본사에서는 악성 재고들을 대리점으로 마음 놓고 밀어낼 수 있는 바탕이 되는 것이다. 그리하여 이것이 나중에 돈을 다 날리는 주요 원인이 되었다. 내가 살고 있던 집은 담보로 그 값어치가 제대로 되지 않아, 큰 처남의 집을 담보로, 큰 처남 본인을 연대 보증인으로 하기로 마음먹고 큰 처남을 만나, 부탁하였다. 그렇게 해서 ○○컴퓨터 대리점을 오픈하여, 장사를 시작하였지만, 장사는 그렇게 잘 되지를 못하였다. 장사가 잘 되지도 않는데, 본사에서는 신형 컴퓨터를 개발하면서, 구형 모델들을 세일행사를 한다면서 밀어내기를 하는 바람에, 가게 한쪽 구석에는 항상 많은 양의 컴퓨터 재고가 쌓였다. 물론 전부 외상 제품이었다. 이렇게 재고가 쌓이다 보니, 결재일은 다가오는데, 물건이 팔리지는 않고, 할 수 없어 싸게 팔다 보니, 팔리기는 하지만, 이익이 남지는 않고, 매장 규모는 커서 전기세, 임대료, 인건비 등 나가는 비용은 옛날보다 훨씬 늘어나, 큰 폭의 적자 행진을 계속할 수밖에 없었다. 결국 크게 망하게 되었다. 다 정리하고 보니, 3천만 원짜리 전세 아파트 한 채만 남았는데, 빚이 3천만 원이 남아 그 나머지 빚까지 갚으려면 전세 아파트를 내놔야 할 지경이었다. 그래도 다행히 큰 처남의 집 담보와 연대 보증은 풀어 줄 수 있었다.

내가 담보 등을 부탁하였을 때, 처남은 단호히 '시도' 감정근육을 사용하여 거절을 선택하였어야 했다. 순간의 미안함을 이기지 못하여 영원한 결별의 길로 갈 수 있었던 것이다. 어쨌든 이들이 거절을 하지 못하는 바람에 나중에 이 사람들까지 빚더미의 위험에 빠트릴 뻔하였다.

····

조급함

호감사분면의 제3사분면의 감정으로 남이 비호감일 경우에 발생하고 상대는 적대적 약자이며 사용할 감정근육은 버림, 포용, 즐김이다. 앞만 보고 달려가서 목표를 달성하고 나면, 달성의 기쁨은 순간이다. 이런 사람은 또 새로운 목표를 만들어 내고 다시 달리기 시작한다. 오로지 달리기만 하는 불행한 인생이다. 달리는 것을 중지하고, 천천히 걸어보자. 그리고 걷고 있는 이 시간을 즐기는 것이다. 이것이 행복이다.

— 버림
급한 상황이지만 빠르게 처리를 못 하는 상황이라면, 빠르게 처리할 욕심을 버린다.

— 포용
버림이 되면, 그다음에 포용의 자세를 가지자. 분노가 완전히 사라질 것이다. 늦게 처리되어 발생할 나에게 오는 여러 가지 피해 상황을 최악의 경우라도 받아들이자.

— 즐김
피할 수 없다면 즐겨라. 어차피 내가 할 수 있는 것은 없으므로 지금 현재 상황을 있는 그대로 즐기는 것이다. 어차피 시간은 지나간다. 현재를 불행하게 만들지 말자. 인생은 목표보다도 과정이 더 중요하다. 지금 현재의 시간을 불행하게 만들지 말고 행복하게 만들어라. 마음먹기에 달려 있다. 지금 이 순간을 즐겨라.

— 즐김

사례1

아침 출근길에서 집에서 늦게 출발하여 회사에 정시에 들어가기 힘든 상황에서, 길까지 꽉 막히면 정말 조급해진다. 항상 막히는 곳에서는 이미 생각하고 있어서인지 그런대로 마음의 여유가 있다. 그런데 막히지 않는 곳에서 사고 등으로 막히는 경우가 있다. 진짜 마음이 급해진다. 이때, 저자는 '버림', '포용', '즐김' 감정근육을 사용한다. 신기하게도 마음이 편해지는 것을 느낀다. 늦으면 지각이다. 대부분의 회사규칙은 지각이 3회이면, 1회 무단결근이 되고, 3회 무단결근이면 퇴사를 해야 한다. 한마디로 자주 지각하는 사람은 짤리기 쉬운 상태가 되는 것이다. 이때, '버림, 포용, 즐김' 감정근육들을 사용하여 보자. 어차피 회사 도착시간은 내가 어떻게 해볼 수 있는 것은 아니다. 아무리 가슴을 조이고, 애타봐야 나만 손해다. '버림, 포용'으로 최악의 상황도 받아들인다는 각오를 한다. 그리고 '즐김' 감정근육으로 주위의 경치를 보면서 드라이블 한다고 생각한다. 마음이 편해질 것이다.

．．．．．

고독감

　호감사분면의 제1사분면의 감정으로서 남이 호감형의 경우에 발생하고, 상대는 우호적 강자이며 사용할 감정근육은 버림, 포용, 시도이다. 내 주위에 우호적인 사람들을 많이 갖게 되면 나의 성공에 큰 도움이 된다. 내 주위에 경쟁적인 사람들만 있다면, 나의 사소한 실수에도 어렵게 그동안 쌓아온 것이 하루아침에 허망하게 날아갈 수도 있다. 인간관계의 필수적인 요소는 '결사', '인내', '버림', '배려'이다. 호사분면의 핵심 단어들이다. 이것이 없는 사람은 사상누각의 인간관계만을 쌓을 뿐이다. 언제 무너질지 모른다. 그러나 이것은 단지 현상유지용일 뿐이다. 이것만 가지고는 우물 안 개구리처럼, 자기가 좋아하는 사람들만 사귈 뿐이다. 성공적인 인간관계는 아니다. 회사의 인간관계로 보아도, 안 짤리는 정도일 뿐이다. 회사에서 높은 자리로 올라 갈려면 더욱 폭넓은 인간관계를 필요로 한다. 폭넓은 인간관계를 쌓으려면, 자기가 좋아하지 않는 사람들과도 친해져야 한다. 두려운 사람, 미운 사람들과도 친해질 수 있어야 한다. 그러므로 고독과 친해져서는 안 된다. 보다 많은 사람들과 인간관계를 만들어야 한다. 그러기 위해서는 '독'의 감정상태에서 벗어나야 한다. '버림'으로 과감히 '독'을 떨쳐 내고, 당당히 타인과 '대화'의 장을 만들어 교류를 하자.

— 버림

절은 보통 숲 속에 외롭게 있다. 절에서는 교회와 같이 일요일에 함께 모여 예배를 하지 않고, 나홀로 편안히 종교 활동을 한다. 외롭다. 그러나 다르게 보면 많은 사람들 속에서 스트레스를 받지 않고 숲 속에서 고즈넉이 마음의 평온을 누릴 수 있다. 어차피 인간은 혼자다. 미련을 버리고 시원하게 고독을 즐길 수 있는 힘을 길러라. 그리고 대등한 관계에서 타인에게 친구가 되자고 구걸하지 말고, 당당히 대하라. 마음속에서 고독을 버리고 타인에게 친구가 되자고 구걸하는 상태가 아니라, 아니면 말고, 하는 식의 당당한 입장에서 대화를 시작한다.

— 포용

고독한 현실을 포용한다.

— 시도

여기에서 '시도'는 '청친'을 시도하는 것이다. '청친'은 필자가 만든 단어로, 친구가 되어주기를 '요청'하는 것이다. 요청은 용기가 필요하다. 우선 먼저 다가가 말을 건넬 수 있는 용기이다.

— 시도(청친)

사례1

젊은 시절 대기업에 다닐 때 알게 된 대학교 후배가 있다. 결혼 전이라 같이 밤을 새우면서 줄을 서서, 임대아파트 분양권을 받고, 그 임대아파트 단지에서 같이 살면서 거기서 둘 다 모두 신혼 생활까지 하였다. 둘 다 대기업을 나와, 다른 직장에 있으면서도 계속 연락을 하고 간혹 만나기도 하였다. 한 번은 너무 취해 휴대폰의 최근 연락처를 지운다는 게 모든 연락처를 지우는 대형 사고를 쳤다. 다행히 카카오톡에 저장이 된 연락처로 일일이 복구하였지만, 후배의 전화번호는 잃어버리고 말았다. 몇 년을 연락이 되지 않았는데 어느 날 후배에게서 전화가 왔다. 다시 연락의 끈은 이어졌지만, 만나지는 않았었는데, '독'에서의 '시도' 감정근육을 떠올리며, 내가 먼저 전화를 걸고 만나자고 시도(청친)하였다. 그래서 서로 얼굴을 다시 보고, 남한산성에서 사진도 찍고, 점심도 같이 먹고 많은 대화를 하며 시간을 보냈다.

· · · ·

즐거움

　.

　호감사분면의 제4사분면의 감정으로서 내가 호감형인 경우에 발생하고, 상대는 우호적 약자로서 사용할 감정근육은 버림, 배려, 시도이다. 외롭게 있는 주위의 사람에게 함께 하자고 손을 내미는 것을 강조하라.

— 버림

즐기고자 하는 마음을 버린다.

— 배려

내가 즐거울 때, 그렇지 못한 주위 사람을 배려하자.

— 시도

사람과의 인간관계는 대화로 시작하여 대화로 끝난다. 친구가 없는 주위 사람에게 친구하자고 손을 내미는 '전친'을 시도한다. 여기에서 '전친'이란 필자가 만든 단어로서 내가 당신의 친구가 되주겠다고 배려를 베푸는 것을 말한다. 한자로 풀면 "친구를 전달하다." 라는 뜻이고, 고독 감정에서의 감정근육 '시도'의 의미인 '청친'은 한자로 풀면 "친구를 청하다"라는 뜻이다.

─ 시도(전친)

사례1

     IMF사태로 운영하던 컴퓨터가게 문을 닫게 되었다. 기원을 다니며 바둑을 두면서 무료한 시간을 떼웠다. 기원 친구들과 저녁을 먹으러 가는데 어떤 사람이 혼자서 기원 내의 컴퓨터 앞에 앉아 있는 것을 보았다. 같이 식사하러 가지고 '전친'을 시도하였다. 이것이 내 인생을 바꾸는 계기가 될 줄은 꿈에도 모르는 행동이었다. 그 사람과 같이 식사를 하며 대화의 시간을 보내게 되고, 그 이후에 바둑 급수도 비슷해서 같이 바둑도 두면서 서로 친해지게 되었다. 그 당시에 나는 컴퓨터 개인지도라는 일을 하고는 있었지만, 용돈을 버는 정도밖에 되지 않았다. 어느 날 그 사람이 자기 회사의 중요한 데이터가 있는 컴퓨터가 바이러스가 걸려 데이터가 날아갔다는 것이었다. 나는 '파이널데이터'라는 복구 프로그램을 가지고 그 사람의 직장이 있는 서울로 올라갔다. 결국 그것이 인연이 되어서 그 사람의 직장에 취직이 되어 정상 직장인이 될 수 있었다. '적선'이란 선을 베푼다는 불교 용어이다. '락'에서의 '대화'의 시도는 '적선'의 의미이다. 내가 베푼 적선이 오히려 나에게 큰 적선으로 돌아와 내 인생의 터닝포인트가 된 것이다.

Chapter 06
자산사분면

．．．．．

　자산사분면의 구분 인자는 풍족, 빈곤이고, 해당 감정은 저항불가한 공포, 염증, 혐오감, 슬픔, 측은감이고, 감정사분면의 안에서 바깥방향으로 4번째 사분면에 해당한다. 호감사분면과 달리 이미 자산이 결정나 있기 때문에 변화의 여지가 없어, 인내와 받아들이는 것이 최선이다. 자산사분면을 표로 만들면 다음과 같다.

─ 자산사분면 [특성]

	빈곤	풍족
나	욕	측
	결사	버림
	인내	배려
		감사
남	염혐	애
	인내	버림
	포용	포용
		감사

— 자산사분면 [대상]

	적대적 (악)	우호적 (선)
강자	**욕** 결사 인내	**애** 버림 포용 감사
약자	**염혐** 인내 포용	**측** 버림 배려 감사

— 빈곤

내가 빈곤 : 내가 빈곤하고 보잘것없어, 남이 나를 무시하고 괴롭힐 것이다. 결사로 용기를 내고, 인내한다.

남이 빈곤 : 남이 빈곤하고, 보잘것없어, 혐오감이 생긴다. 인내하고 포용한다.

— 풍족

내가 풍족 : 내가 풍족할 때, 그 풍족함을 누리고자 하는 마음을 버리고 그렇치 못한 사람과 그 풍족함을 나누어주고(배려), 그래도 남아있는 나의 자산에 감사하자.

남이 풍족 : 남이 풍족할 때, 그렇지 못한 내 자신을 보고, 상대적 박탈감(애:슬픔)이 생긴다. 남의 풍족함에 대한 질투를 버리고(버림), 현실을 포용하며, 현재 내가 가지고 있는 것에 감사한다.

····

공포(저항불가)

    자산사분면의 제2사분면의 감정으로 내가 자산이 부족한 경우에 발생하고, 상대는 적대적 강자이며, 사용할 감정근육은 결사, 인내이다. 위험한 상태를 제어할 수가 없는 무기력한 상태로서 '시도'를 할 수가 없다.

─ 결사

    마음의 평화를 얻기 위하여서는 기를 올릴 필요가 있다. 기를 올리는 데 가장 유용한 감정근육은 '결사'이다. 그래서 여기서도 '결사'를 활용하여 기를 우선적으로 올린다.

─ 인내

    '결사'로 기를 올린 후 '인내' 감정근육을 사용하여 상황을 견디는 것이다.

─ 인내

사례1

    필자가 국도를 정상적인 속도로 소형 자가용으로 운전하고 있었다. 그런데 대형 덤프트럭이 바짝 쫓아 오면서 빨리 가라고 위협하였다. 이때 빨리 가게 되면 속도위반에 걸릴 수도 있고, 군이 빨리 갈 필요도 없는데, 뒤의 트럭으로 인하여 마음은 공포 및 불안 상태로 변하였다. 필자가 이번에는 한적한 도로에서 편안한 드라이브를 즐기는데 어떤 사람이 굉음을 내며 모터보드를 타고 바짝 쫓아 왔다. 역시 마음이 불안상태가 되었다. 이때 '결사' 감정근육을 사용하였더니, 불안 상태를 견디는 것이 한결 쉬었다. 내가 뒤의 이 사람들을 어찌할 수가 있는 것은 아니다. 즉 뒤의 사람들을 공격할 수 없는, 어찌 보면 뒤의 사람들에게 나는 무기력한 상황이다. 그렇다고 뒤의 사람들도 나를 공격할 가능성은 별로 없다. 뒤의 사람들도 나를 그저 위협하기만 할 뿐인 것이다. 이때 가장 적절한 단어가 '인내'이다. '결사'로 기를 올린 후 '인내' 감정근육을 사용하여 상황을 견디는 것이다.

· · · ·

염증

자산사분면의 제3사분면의 감정으로 남의 자산이 부족한 경우에 발생하고, 상대는 적대적 약자이며 사용할 감정근육은 인내, 포용이다. 적대적 약자가 나의 자산을 강탈하면 마음이 아프다. 그러나 내가 견딜 수 있다면, 참고 포용하자.

— 인내
힘들지만 참아내야 한다.

— 포용

견딜 수 있는 정도의 약한 통증은 잊어버려야 한다. 그러려면 포용의 자세가 필요하다. 통증도 나의 것이라 생각하고 받아들인다. 어느새 통증이 느껴지지 않을 것이다.

— 포용

사례1

2017년의 뉴스이다. 한 30대 가장이 있었다. 그는 택배 회사를 다녔는데, 힘이 드는 데다가 관리자와 싸우게 되어 회사를 그만 나오게 되었다. 집에는 어린 딸과 공황장애를 앓고 있는 아내가 있었다. 월세 16만 원의 임대아파트에 살고 있는데, 몇 년 전에 생활비로 대부업체에서 빌린 300만 원이 지금은 이자가 붙어 500만 원이 되어 있었다. 계속 빚을 갚지 못하자, 대부업체에서 최근에 냉장고, TV 등의 가전제품에 경매 딱지를 붙인 상태이다. 30대 가장은 재취직이 되지 않자, 위험한 결정을 하게 된다. 자기가 평소 택배 회사를 다니면서 자주 택배 배달을 하던 사무실에 복면을 하고 칼을 들고 들어갔다. 그 사무실에는 70대 노인이 있었는데, 돈만 주면 해치지 않겠다고 위협하여 100만 원 정도의 돈을 빼앗아 도망갔다. 그러나 요즘 우리나라 경찰은 정말 범죄자를 잘 잡는다. 바로 그 다음날 잡혔다. 죄를 생각하면 벌을 당연히 받아야 하지만, 불행한 가정을 생각하면 참 딱한 상황이었다. 경찰도 아내와 외출을 나온 그 가장을 아내 앞에서 잡지는 못하고 아내와 떨어져 있을 때, 아내 몰래 잡았다. 그리고 경찰들도 내부적으로 십시일반 돈을 모아 그 가정에 도움을 줄 계획이라는 뉴스이었다.

여기서 70대 노인의 처세가 아주 잘했다고 생각한다. 70대 노인 입장에서 100만 원을 빼앗기는 것은 염증의 감정 상태이다. 즉, 마음이 아픈 상태가 된다. 이 아픈 상태를 '인내'하고 '포용'하는 것이다. 반항하지 않고 순순히 돈을 내준 사실을 말한다. 만약 반항하였다면, 단순히 100만 원이 아니라 모든 것 즉 목숨까지도 잃을 수 있었던 것이다.

· · · ·

혐오감

자산사분면의 제3사분면의 감정으로 남의 자산이 부족한 경우에 발생하고 상대는 적대적 약자로 사용할 감정근육은 인내, 포용이다.

— 인내
혐오감이 밀려올 때, 인내한다.

— 포용
어차피 혐오는 없앨 수가 없다. 인간이 나를 보호하기 위하여 작동하는 기능으로 없앤다고 없어지는 것이 아니다. 자연 상태에서는 혐오감이 없다면 몸에 해로운 독이나 지저분한 똥 등의 건강에 좋지 않은 것에 가까이 계속 있을 수 있어, 위험해진다. 그러나 인간관계에서의 혐오감은 오히려 나에게 해가 될 경우가 있다. 노숙자, 노인 냄새가 심한 노인, 거지, 입 냄새 심한 사람 등의 혐오감을 일으킬 수 있는 사람들을 모두 피한다면, 인간관계는 좁아질 수 있다. 혐오감을 극복하기 위해서는 포용의 자세로 상대방을 받아들인다.

― 포용

사례1

24시간 격일제는 아침 9시부터 그 다음 날 아침 9시까지 24시간을 일하고, 24시간 쉬는 근무 형태로 토, 일요일, 법정공휴일 등이 모두 무시되고 계속 24시간 격일로 일하기 때문에, 가정을 가진 일반 가장이 평생 직업으로 하기에는 좋은 직업 형태는 아니다. 같은 관리사무소에서 근무하지만, 소장, 과장, 경리는 주5일 근무제로 일반 회사 직원, 공무원과 같은 행태로 일한다. 소장은 주택관리사 자격증이 있어야 되고, 과장은 전기기사 자격증이 있어야 한다. 나는 전기기사 공부를 했고, 다른 동료 직원은 주택관리사 공부를 했다. 그런데 이 동료 직원의 몸에서 어느 날부터는 노인 냄새가 나는 것이었다. 그 당시 40대 중반의 나보다 몇 살 밖에 나이가 더 들지 않았는데 벌써 노인 냄새가 나는 것이었다. 일과 공부를 병행하다 보니, 몸에 적신호가 온 것이다. 하여튼 나와 동료 모두 시험에 합격하여 나는 과장을 하게 되었고, 그 사람은 소장을 하게 되었다. 그 이후 나는 주택관리사 자격증도 따서 소장을 하게 되면서, 선배 소장인 그 동료의 도움을 받게 되었다.

노인 냄새가 난다고 혐오감으로 멀리하면 그만큼 인간관계는 축소된다.

· · · ·

슬픔

　자산사분면의 제1사분면의 감정으로 남의 자산이 풍족한 경우에 발생하고 상대는 우호적 강자이며 사용할 감정근육은 버림, 포용, 감사이다. 우리나라에서 매일 평균 40명이 자살을 한다. 연예인, 정치인 등 유명 인사들이 자살하는 경우도 있다. 이들은 사회적으로 아주 높은 곳에 올라갔다가 밑바닥으로 떨어지는 아픔을 견디지 못하고 자살을 선택하는 경우이다. 자살하려고 하는 사람에게 꼭 필요한 말이 있다. "그럴 수도 있지"이다. 최악의 상황을 "그럴 수도 있지"라고 하면서 포용하는 것이다. '버림', '포용', '감사' 감정근육을 평소 계속 키워야 한다. 사람이 자살을 선택할 정도로 너무 큰 역경에 처했을 때, 이 감정근육을 키워놓은 사람은 그 역경을 딛고 다시 일어설 수 있다.

　행복은 수학적 공식으로 성취를 욕망으로 나눈 것이다. 성취한 바가 욕망보다 크면 행복하고, 성취한 바가 작아도 욕망이 그 성취보다 작으면 또한 행복하다. '상대적 빈곤감'이란 말이 있다. 실제로 먹고사는 데 지장이 전혀 없고 평소 행복하던 사람이 자기보다 상대적으로 잘 사는 사람을 보면, 갑자기 빈곤감과 불행감이 밀려오는 것이다. '상대적 빈곤감'의 반대의 경우에 해당하는 말은 '남의 불행은 자기의 행복'이라는 말이다. 사람이 살다 보면 누구나 힘든 일을 만나게 된다. 내가 힘들 때는 나는 불행하다고 느끼지만, 남들은 나를 보면서 위안과 상대적 행복감을 느낀다. 나도 마찬가지다. 남들이 힘들어 불행하다고 느낄 때, 나는 상대적으로 행복하다. 이렇게 우리는 모두 이기적인 존재이다. 그렇다고 이기적인 마음을 그대로 방치하고 세상을 살아간다면 좋은 인간관계는 그만큼 멀어지는 것이다. 내가 슬프거나, 남이 슬퍼할 때, 어떻게 대처하느냐에 따라 인생은 달라진다. 마음속에서 더 이상 애착을 버리고, 현재 아직 남아 있는 것에 감사한 마음을 가지자.

— 버림

키가 작은 어떤 사람이 이렇게 말한다. "내가 작은 것이 아니라 남이 큰 것이다." 어느 날은 또 이렇게 말한다. "나는 키가 크다. 남들은 나보다 더 키가 크다." 키가 작은 것을 키를 크게니 만들 수는 없다. 키 작음을 받아들일 수밖에 없다. 그렇다고 열등감에 빠지면 안 된다. 자존감이 높은 이 키가 작은 사람은 자기가 키가 작다고 열등감에 빠지지 않는다. 키가 작은 것은 그저 다른 사람과 다른 것이다. 그 다름으로 잘나고 못나고 판정하지 않는 것이다. 다름은 다른 것이지 못난 것이 아니다. 그러므로 다름을 포용하고 큰 키에 대한 욕심을 버리자.

— 포용

현실을 포용한다.

— 감사

지금 나를 슬프게 하는 것을 긍정의 눈으로 다시 한 번 보아라. 의외로 나에게 도움이 되는 것이 발견될 수도 있을 것이다. 발견되면 그것에 감사한다. 그러면 어느새 슬픔은 사라지고 반대로 기쁨이 올 수도 있다. 올림픽에서 동메달을 딴 선수가 은메달을 딴 선수보다 행복하다고 한다. 그 이유는 은메달을 딴 선수는 조금만 더 잘했으면, 금메달을 딴 선수를 이기고 자기가 금메달을 딸 수 있었을지도 모른다는 생각으로 위를 쳐다보면서 아쉬워하고, 동메달을 딴 선수는 금메달을 쳐다보기에는 너무 멀어 쳐다보지 않고 반대로 메달을 따지 못한 밑의 무수한 선수를 내려다보면서 위안을 삼기 때문이라고 한다. '감사'는 아직 나에게 남아 있는 것에 감사하는 것이다. 위를 쳐다보지 말고, 아래를 쳐다보면서, 아래의 사람들이 가지지 못한 아직 내가 가지고 있는 것에 감사하자. '감사'는 행복을 불러온다. 질투가 생길 때는 질투를 유발하는 잘난 상대방을 보면 불행해진다. 오히려 아직 자기에게 남아 있는 다른 긍정적인 것을 보면서 위안 삼는 것이 좋다. 긍정적인 것에 감사하자.

— 버림

사례1

오프라 윈프리는 결혼하지 않은 부부 사이에서 태어났다. 14살에 사촌오빠에게 성폭행을 당하고, 또 그녀의 의부에게도 성폭행을 당했다. 그러나 평소 책을 가까이하여 대화 시에 막힘이 없었고, 자신의 이런 아픈 과거나 단점 등을 숨기지 않고 오픈하는 개방적인 성격을 무기로 그녀는 드디어 토크쇼의 여왕이 되었다. 오프라 윈프리는 과거의 아픔을 과감히 버리고 새 삶을 적극적으로 살았기에 성공이 가능하였던 것이다.

· · · ·

측은감

자산사분면의 제4사분면의 감정으로 나의 자산이 풍족한 경우에 발생하고 상대는 우호적 약자로서 사용할 감정근육은 버림, 배려, 감사이다.

― 버림
풍족한 자산을 지키고자 하는 욕심을 버린다.

― 배려
거지를 보고 공감만 해서는 배려가 아니다. 당연히 적선을 하여야 배려이다. 실제 측은감이 드는 대상에게 정신적, 육체적, 물질적인 적선이 이루어져야 배려인 것이다. 봉사단체들의 봉사는 당연히 배려이다. 외국으로 이민을 가서 열심히 살아, 부자가 된 사람들이 그 돈을 베풀지 않으면, 정착하기가 힘들 것이다. 이유는 원주민들의 시기와 질투로 테러를 당할 수도 있고, 그렇지 않다 하더라도, 집단 따돌림, 배신, 불매운동 등의 다양한 저항이 생길 수 있다. 따라서 배려는 외국이민에서는 반드시 실천하여야 할, 꼭 필요한 덕목이다.

— 감사

남을 도와주고 나면 나의 자산의 감소가 생길 것이다. 그래도 아직 남아 있는 나의 자산과 자산 증식의 능력이 있음에 감사하자.

— 감사

사례1 선감학원은 소년 감화원이란 이름의 강제 수용소였다. 이 수용소는 일제가 '소년 감화'를 목적으로 만들었다. 그런데 수용소는 해방 이후에도 계속 운영됐다. 이 수용소 안에서는 문을 닫던 해인 82년도까지 강제노동과 폭력 등 온갖 인권유린이 자행됐다.

한 사람이 있었다. 그는 7살의 어린 나이에 어머니에게 버림을 받았다. 서울역 부근에서 어머니는 "먹을 것을 사올 테니 꼼짝 말고 기다리라"고 하고서는 그를 버리고 떠났다. 서울역에서 꼬박 3일을 엄마를 찾기 위해 하루에 수백 명의 얼굴을 확인하며 기다렸다고 한다. 그 후 그는 이곳에 수감되어 혹독한 어린 시절을 보내게 되었다. 이러한 사례를 보면 자기를 버리지 않은 현재의 고마운 부모님을 둔 사람들은 항상 감사한 마음으로 살아야 한다.

— 배려

사례2 "집에서 나올 때 꼭 전등을 소등하였는지 확인을 합니다." 그런데 꼭 확인을 재차 반복하는 것에 문제가 있는 것이다. 먼저 확인한 것을 잊어버리기 때문이다. 이때, 나는 이렇게 화답하였다. "나는 자동차에서 내려 차 문을 잠그고, 다시 한 번 더 잠그는 경우가 자주 있다." 이러한 건망증과 습관의 조합의 경우는 당신 혼자한테만 있는 심각한 문제가 아니고, 다른 사람들도 마찬가지로 있으니, 너무 염려 말라는 배려하는 마음으로 화답한 것이다. 상대방이 먼저 본인의 단점을 이야기하자, 나도 나의 단점을 이야기함으로써 상대방의 마음을 배려한 것이다.

— 배려

사례3

고향 친구가 암 진단을 받고, 치료를 위하여 회사도 그만두고, 가진 전 재산을 다 쓰고 형제들의 도움으로 살고 있는 것을 알게 되었다. 필자는 살아오면서 다른 사람들을 도와주는 것에 참 인색하였지만, 그 친구를 찾아가 같이 점심을 먹고, 백만 원을 주고 왔다. 마음이 뿌듯했다. 나도 다른 사람을 드디어 도와준 것이다. 물론 큰돈은 아니었지만, 내 인생에서는 남에게 베푼 하나의 큰 배려이었다.

Chapter 07
편안사분면

· · · ·

편안사분면의 구분 인자는 편안, 불편이고, 해당 감정은 공황, 고통, 힘듦, 편안함이며, 감정사분면의 안에서 바깥방향으로 5번째 사분면에 해당한다. 편안사분면을 표로 만들면 다음과 같다.

── 편안사분면 [특성]

	불편	편안
나	**황** 결사	**안** 버림 배려 즐김
남	**통** 인내	**담** 버림 원원 즐김

── 편안사분면 [대상]

	적대적 (악)	우호적 (선)
강자	**황** 결사	**담** 버림 원원 즐김
약자	**통** 인내	**안** 버림 배려 즐김

── **불편**

내가 불편 : 내가 심하게 불편하여 공황장애가 올 때는 결사 감정근육으로 용기를 내자

남이 불편 : 다른 사람이 불편하여 나에게 육체적 고통을 줄 때, 인

내 감정근육으로 고통을 이겨 내자.

— 편안

내가 편안함 : 내가 편안할 때, 편안함을 누리고자 하는 마음을 버린다. 그리고 그렇지 못한 힘든 사람을 배려하며 배려하는 것을 즐긴다.

남이 편안함 : 남들이 편안하게 쉴 때, 나는 처리할 일들이 많이 있다. 많은 일들에 대한 부담감을 버리고(버림), 그중에서 가장 시급한 것만을 골라서 하나하나(원원) 처리해 나간다. 그리고 처리하고 있는 지금이 순간을 즐긴다(즐김).

· · · ·

공황

편안사분면의 제2사분면의 감정으로 내가 심하게 마음이 불편한 경우에 발생하고, 상대는 적대적 강자이며 사용할 감정근육은 결사이다. 공황은 이유도 없이 찾아오는 극도의 공포감이다. 상대가 없더라도, 나의 편안함을 크게 해치는 무엇인가가 있다고 가정한다. 그 무엇인가는 적대적 강자이다. '통'은 육체적 고통인 반면, '황'은 정신적 고통이다. '황'은 다른 말로 공황장애이다. 공황장애란 유명연예인들이 많이 걸리는 병이다. 인기를 먹고사는 유명연예인들은 항상 주위의 시선에 신경을 쓰면서, 긴장한 상태에서 산다. 항상 긴장과 두려움 속에서 살다 보니, 어느 날 이 두려움이 극도로 커지면서 공황장애로 발전하는 것이다.

— 결사

'황'이란 죽을 것 같은 극도의 두려움이다. 죽는 것에 대한 두려움이 있다는 것은 삶에 대한 애착이 있기 때문이다. 그런데 이 삶에 대한 애착을 버리면, 극도의 죽음에 대한 두려움 즉, '황'은 사라질 수밖에 없다. '결사'는 글자 그대로 죽기를 각오하는 마음이다. 그래서 '결사' 감정근육으로 '황'을 없앨 수가 있는 것이다.

— 결사

　　　　필자의 고등학교 시절에는 공부 이외에는 신경 쓸 일이 없었다. 평소 대인공포가 있었지만 공부에 열중하다 보니, 그것이 큰 문제는 아니었다. 대학을 들어갔는데, 대학생활에서는 공부 이외에 서클활동, 미팅, 친구 관계 등 다양한 사회적 관계에도 신경을 쓰는 문제가 생겼다. 대인공포가 있는 필자는 이것이 항상 필자의 심리적 상태를 공포 및 불안 상태로 만들었다. 어느 날 갑자기 이유도 없이 마치 바로 죽을 것 같은 극도의 공포상태가 찾아왔다. 내 경우의 공황상태는 숨을 쉬기가 어려우면서 세상이 빙빙 돌고 어지럽고 바로 죽을 것 같은 느낌이다. 그 당시에는 이것이 공황장애라는 것을 전혀 몰랐다. 그저 다시는 이런 감정 상태가 안 오기만을 바라는 것 이외에는 할 수 있는 것이 없었다. 대학 생활 중 몇 번 공황 장애가 나타났지만, 그 이후 발생하지 않다가 최근에 다시 발생하였다. 한 번은 몸 상태가 안 좋은 상태에서 술을 많이 마신 다음 날 등산을 하였다. 산에서 내려와 집으로 가기 위하여 차를 운전하는 중에 갑자기 공황 증세가 나타나기 시작하였다. 즉 숨을 쉬지 못할 것 같으면서 세상이 빙빙 도는 느낌이 들기 시작하는 것이었다. 운전 중에 공황상태가 되면 정말 너무 위험한 상태이다. 이때, "이제는 죽어도 크게 아쉽지 않은 나이다."라고 생각하고 "그래 잘못되면 죽지 뭐~" 라고 하면서 '결사'를 마음속으로 외쳤다. 그러자 마음이 공황상태로 들어가다가 바로 빠져나오게 되는 신기한 경험을 하게 되었다. 이때 이후로 공황상태의 낌새가 들게 되면 항상 '결사' 감정근육을 사용한다.

· · · ·

고통

편안사분면의 제3사분면의 감정으로 남이 불편한 경우에 발생하며, 상대는 적대적 약자로서 사용할 감정근육은 인내이다. 통증이 밀려올 때는 나와의 싸움이다. 통증을 없앨 수 없다면 당연히 참아야 한다. 그래야 다른 생활을 정상적으로 할 수 있다. 힘들지만 참아내야 한다.

— 인내

'포용'으로는 강한 통증을 극복할 수 없다. 오로지 '인내'만이 해당되는 감정근육이다.

— 인내

사례1

예전에 '행복전도사'란 이름으로 활동한 작가 겸 방송인 ○○○씨가 있었다. 그녀는 방송, 강의 등으로 사람들에게 행복을 전파하였다. 그런데 갑자기 그녀가 남편과 동반 자살한 것이다. 이유는 지병이었다. 자살 현장에서 시신과 함께 발견된 편지지 1장 분량의 유서에는 최씨가 자살을 선택한 이유가 들어있다. 다음은 ○○○씨의 유서 내용 중 일부분이다.

"숨쉬기가 힘들어 응급실에 실렸고 또 한 번의 절망적인 선고. 그리고 또다시 이번엔 심장에 이상이 생겼어요. …… 저는 통증이 너무 심해서 견딜 수가 없고……."

이 사례를 보면, 육체적 통증은 마음으로 정복할 수 있는 것이 아니라는 것을 보여준다. 치료할 수 없다면, 인내하는 방법 외에는 없는 것이다.

· · · ·

힘듦

편안사분면의 제1사분면의 감정으로 남이 편안한 경우에 발생하고 상대는 우호적 강자로서 사용할 감정근육은 버림, 원원, 즐김이다. 살다 보면, 내가 처리하기에는 너무나 많은 일을 처리해야 할 경우가 생긴다. 상당한 부담감이 생기게 된다. 이때, 일을 정리할 필요가 있다. 일을 4가지로 나누어 정리한다.

첫째, 급하고　　　중요함
둘째, 급하고　　　중요하지 않음
셋째, 급하지 않고 중요함
넷째, 급하지 않고 중요하지 않음

이 중에서 당연히 급하고 중요한 일을 먼저 처리하여야 한다. 그러나 이것은 일이 당장 크게 닥쳤을 때의 일이고, 중요한 것은 평소의 일하는 습관이다. 일을 못하는 사람에게는 급하고 중요한 일이 자주 생긴다. 급하지는 않으나 중요한 일을 평소 해 두지 않았기 때문이다. 이런 사람은 평소에 자주 업무시간에 업무 외의 것으로 논다. 일을 잘하는 사람의 일하는 습관은 급하지는 않으나 중요한 일을 평소 해두는 것이다. 이런 사람에게는 당연히 급하고 중요한 일이 잘 일어나지를 않는다.

— 버림

현재 하고 있는 일을 제외한 모든 다른 일들은 책상에서 치워 버려라.

— 원원

일은 어떤 일이나 바로 처리하기에는 힘들다. 한 번에 처리가 가능한 일도 있으나, 대부분의 일들은 여러 가지 일들이 복합적으로 처리하여야만 끝난다.

"어떻게 이 많은 일을 처리하지?"

"잘못되면 어떡해?"

"못 끝내면 어떡해?"

이렇게 걱정만 하고 있으면, 그 일을 포기하게 될 가능성이 커진다. 이때, 필요한 단어가 '원원', 'one one', '하나하나'이다. 일이란 어떤 일이건 하나하나 처리하다 보면 끝나게 된다. 어렵지도 않다. 아무리 복잡하고 많은 단계를 거치는 일도, 지금 이 순간에 내가 할 일은 하나이기 때문이다. 지금 이 순간 이 일 하나 끝내고, 다음에 이어지는 일은 이 일이 끝난 다음에 하고, 이런 식으로 반복하면, 어느새 모든 일이 끝나게 된다.

— 즐김

지금 하고 있는 일을 즐긴다.

─ 버림

사례1

　　　관리과장으로 부임하게 되었다. 전임 과장의 책상은 너무나 정리가 되지 않은 상태이었다. 업체 전화번호는 명함철의 명함과 책상에 여기저기 붙어 있는 종잇조각에 적혀 있는 것이 전부였다. 서류는 하나도 정리된 것이 없었다. 이 아파트는 임대아파트라서 공용시설의 보수 주체는 입주민이 아니라 임대사업자이다. 그래서 관리사무소에서는 시설이 고장 나면 임대사업자에게 공문을 보내 승인을 받고, 보수업체에 요청하고, 보수가 끝나면 임대사업자에게 또 공문을 보내야 한다. 시설 보수를 위한 자재 구입 또한 임대사업자에게 요청 공문과, 입고되면 입고 완료 공문을 보내야 한다. 이런 모든 것이 하나씩 이루어지는 것이 아니라, 다수의 보수와 다수의 자재 입고건이 동시에 진행된다. 이런 복잡한 업무를 제대로 처리하려면 업무의 정리가 되어 있어야 하는데, 전임 과장의 책상에는 정리된 업무철이 전혀 없었다. 인수인계를 받고 어떻게 업무를 시작하여야 할지 너무나 막막하였다. 막막하였지만, 우선 책상부터 정리하였다. 모든 지저분한 것을 치워서 한 곳에 모은 후, 한 개씩 필요한 것을 정리하면서 버렸다. 그리고 하루하루 각종 업무에 맞게 양식을 만들어 업무철(업무파일)을 만들었다. 업무철에 번호를 매겼다. 1번 업무철은 업체연락처철이다. 업체의 전화번호, 담당자, 팩스, 주소, 취급품목 등등을 업체별로 종류별로 구분하여 정리하였다. 3개월이 지나니, 업무와 관련된 업무철이 무려 50개가 만들어졌다. 그 이후 업무는 한눈에 들어오면서, 빠르게 처리할 수 있었다.

편안함

편안사분면의 제4사분면의 감정으로 내가 편안한 경우에 발생되는 감정으로 상대는 우호적 약자로서 사용할 감정근육은 능동, 배려, 즐김이다. 내가 편안하면 상대방도 편안할 것이라고 생각할 수 있지만, 아닌 경우가 있다. 나의 편안함은 오히려 상대방의 불편함에 따른 혜택일 경우도 있다. 군인들이 엄동설한에 추위를 버티며 휴전선을 지키고 있기 때문에 후방의 민간인들이 편안히 집에서 잠을 잘 수 있는 것이다. 내가 편안하다고 군인들이 편안한 것은 아니다. 아파트 주민들이 편안하게 아파트 생활을 할 수 있는 배경에는 관리사무소 직원들의 부단한 보수작업들이 있기에 가능한 것이다. 지금 내가 편안한 것은 지구에 살고 있는 다른 사람들의 도움이 있었기에 가능하므로, 항상 나의 편안함을 만들어준 힘들게 살아가는 사람들에게 감사하자.

— 버림
편안함을 누리고자 하는 마음을 버린다.

— 배려
불교에서 중들은 개미를 피해간다. 개미에 대한 배려이다. 상대방의 입장을 알고, 그 상대방을 배려한다.

― 즐김

내가 편할 때, 남을 도와주는 것이 힘들고 귀찮을 수 있다. 힘들더라도 그것을 즐긴다. 피할 수 없다면 즐겨라.

― 배려, 즐김

사례1 퇴근 중 자동차 전용도로를 빠른 속도로 운전하고 있었다. 해가 지고, 아직 가로등이 켜지지 않아 도로는 다소 어두웠다. 갑자기 100미터 앞에 바닥에 무엇인가가 여러 개 움직이는 것이 보였다. 차가 가까이 접근하니 1미터 내외의 철파이프들로 보였다. 그런데 차들이 밟고 지나가면서 파이프들이 휘어지고, 튀고, 어지럽혀 지면서, 차와 충돌 시 손상이 발생할 수 있고, 차량 추돌 등의 굉장히 위험한 상황을 연출하고 있었다. '저것을 아무도 신고하지 않아 계속 위험한 상황이 방치되는구나.' 이렇게 생각하면서 정작 그 장소를 지나니, 신고하는 것이 귀찮아졌다. 신고를 하여야 하나, 말아야 하나 선택의 기로에 서게 되었다. 그러는 와중에 차는 점점 그 장소에서 멀어지고 있었다. 자동차 전용도로인데 갓길도 없었다. 모든 주행하는 차들이 빠른 속도로 달리는 상황이라서

정차하기도 위험했다. 결국 자동차전용도로를 벗어나 일반도로에 들어가게 되었다. 이제는 정차가 가능하였다. 나는 귀찮음을 이겨내고 신고하는 것으로 마음의 선택을 하였다. 비상등을 켜고, 차를 도로의 바깥쪽에 잠시 정차하고, 휴대폰을 이용하여 119에 신고하였다. 통화하는 중에 해당 위치의 전달이 너무 어려워 신고한 것을 후회도 하였다. 결국, 한참을 통화한 끝에 해당 장소의 위치를 전달하는 데 성공하였다. 그리고 전화를 끊자, 몇 분도 되지 않아 2번의 위치를 묻는 전화가 왔다. 출동하는 사람의 전화이었다. 나중에 알고 보니, 2번의 전화가

각각 다른 사람이었다. 한 명은 소방관이고, 다른 사람은 경찰관이었다. 한참을 지난 후 휴대폰에 찍힌 2명 중 한 명에게 전화해 보았다. 이 사람은 경찰관이었다. 해당 위험한 철 파이프들을 소방관과 함께 잘 처리하였고, 신고하여 주어서 감사하다고 답변을 받았다. 마음이 흐뭇하였다. 감정 편안함 속에서는 만사가 귀찮아진다. 화장실 들어갈 때와 나올 때 마음이 다르다. 화장실 들어갈 때는 급하기 때문에 화장실의 냄새에도 불구하고, 화장실을 찾게 되지만, 볼일을 다 보고 나면, 화장실의 냄새가 싫어 얼른 화장실을 떠나게 된다.

귀찮더라도 감정 '안'의 대응 감정근육인 '버림', '배려', '즐김'을 활용하여, 다른 사람에게 배려하는 행동을 하자. 귀찮음과 힘듦은 일에 대한 부정적인 측면에서 비슷하다. 이 부정적인 측면을 이기는 방법은 일을 즐겁게 생각하게 하는 것이다. 그것이 '즐김' 감정근육의 역할이다.

Chapter 08
감정근육

．．．．．

   감정에 대처를 잘하려면 우선 감정의 구조를 잘 알아야 한다.

   우리가 잘 알고 있는 오욕칠정이라는 말이 있다. 여기에서 칠정은 "희노애락애오욕"의 7가지 감정을 말한다. 각 감정별로 대처하는 방법은 모두 다르다. 뜻을 담고 있는 언어 중에서 2글자로 끝나는 단어들이 두뇌에 각인이 되기 쉽다. 이 책에서는 모든 감정 대처 단어를 2글자로 만들었다. 이 단어들을 머릿속으로 생각함으로써 감정들을 제어할 수가 있다.

   각 감정들을 싸워서 극복해야 할 상대라고 한다면, 감정을 제어하는 단어들은 싸움에 필요한 근육이라고 할 수 있다. 이 근육들을 감정근육이라고 필자는 정의하였다. 우리 몸에는 다양한 근육들이 있다. 감정근육도 다양하게 있다. 어떤 행위를 하는 데 있어서 여러 근육들이 사용되듯이 감정상대와 싸울 때에도 각 상대에 맞는 감정 근육들이 있다. 여러 감정근육을 사용하여 장애가 되는 감정을 컨트롤할 수 있게 되면, 감정의 지배자가 되는 것이다. 다음은 감정 근육으로서 단어들 중에서 종교적이거나 과학적인 단어가 있다. '긍정'은 과학의 단어이다. '사랑'과 '감사'는 기독교의 단어이다. '포용'과 '버림'은 불교의 단어이다. 이런 단어들을 섞어서 배합하고 실행하여 감정극복을 하는 것이다.

   감정사분면의 모든 감정근육 단어들은 져주기 전법에 기초하여 만든 단어들이다. 감정근육으로 쓰이는 각 단어들을 조합하여 각각의 감정에 대하여 대처한다. 감정극복이 잘 되려면 감정근육이 커져야 한다. 감정 근육이란 해당 감정이 나왔을 때, 그 감정에 대항하는 정신력을 말한다. 그런데 감정근육은 일반 육체 근육과 마찬가지로 마지막 간신히 버틸 때까지 훈련해야 그 근육이 커진다. 감정 운동을 주기적으로 하여 감정근육을 키우자. 감정운동은 헬스운동과 마찬가지로 근육별로 1주일 2회 하고, 운동하고, 잘 먹고, 잘 쉬면서 모든 감정 근육들을 골고루 키워야 한다. 감정근육을 키우는 방법은 육체 근육과 마찬가지로 운동 상황을 만들어야 한다. 육체 근육에서 이두박근을 키우기 위해서는 아령을 손으로 들어올리는 운동을 하여야 한다. 그리고 그 근육에만 신경을 쓰는 것이다. 이두박근을 운동하면서 대퇴근에 신경을 쓴다면, 이두박근 운동이 잘 먹히지 않는다. 감정근육을 키우려면 각 감정근육별 해당 상황을 만들어 그 상황에서 해당 감정근육을 사용하여 버티는 것이다. 육체 운동 시에는 간신히 버틸 때까지 운동하여야 그다음에 근육이 더 강해진다. 감정근육도 마찬가지이다. 감정적으로 견디기 힘들 최고 마지막 단계까지 훈련하여야 한다. 그리고 그 상황에서 각 감정근육을 사용하여 버티는 것이다. 이것이 감정근육의 운동방법이다. 면공포증이 있는 사람은 얼굴이 빨개질 때까지의 상황을 만들어야 한다. 그리고 그것을 견뎌내야 한다. 이래야 훈련이 되고, 다음에는 해당 감정근육인 '버림'의 감정근육이 커질 것이다. 여기서 감정에 대처하는 모든 감정근육들은 감정에 충실하여 생명을 보호하는 것이 아니라, 오히려 동화의 청개구리처럼, 감정이 요구하는 반대의 결과가 나오게 함으로써, 궁극적으로 인간관계를 원만히 하게 하는 단어들이다.

버림

'버림' 감정근육은 죄책감, 수치감, 조급함, 분노 등 총 16개의 감정에 대한 감정근육으로서 몸의 힘을 빼내는 역할을 한다. '결사' 감정근육이 몸을 경직시키지만, 반대로 '버림' 감정근육은 몸을 부드럽게 만든다. 수치 감정에서 '버림' 감정근육으로 모든 것을 내려놓는다. 즉 대인공포 증상이 나오는 것을 막으려고 하는 노력을 하지 않는다. 경직된 근육에 힘을 푸는 것이다. '버림'을 잘 써먹으면, 부정적인 사람도 친구로 만들 수 있다. 부정적인 사람에게 공격당할 것을 두려워하여 말을 아끼면서 숨어 있지 말고, 과감히 체면을 버리고 긍정적인 대화거리를 찾아 대화를 풀어나간다. '버림' 감정근육을 사용하여 모든 것을 다 내려놓는다는 생각으로 부정적인 감정들을 극복하자. 요즘 장례문화는 매장보다는 화장이 대세다. 화장이란 연화장에서 시신을 소각하는 것이다. 즉 쓰레기 소각장과 같은 맥락이다. 죽으면, 소각장에서 우리 몸은 불태워져 소각되어진다. 한 줌의 재 이외에는 아무것도 남지 않는다. 권력, 명예, 재물, 심지어 자기 몸조차도 남지 않는 것이다. 나뿐만 아니라 나를 노하게 만드는 상대도 모두 언젠가는 소각장에서 사라진다. 감정근육 중 '관망'의 강태공 사례에서 보듯 사람이 타고 있지 않은 빈 배를 보자마자 강태공, 마음속의 분노가 사라지듯이, 나를 분노케 하는 상대도 언젠가는 사라질 것이라고 보고 마음속의 감정을 다스리

자. '버림' 감정근육을 활용하여 모든 것을 다 버린다는 각오로 감정을
다스리자.

― 죄책감
사용할 감정근육은 결사, 버림, 포용, 인정이다. 죄를 지었을 때는 죽
기를 각오, 모든 것을 버리겠다는 각오, 최악의 상황을 받아들이고, 죄
를 인정한다.

― 수치감
사용할 감정근육은 버림, 포용, 시도, 사랑, 즐김이다. 수치는 '버림'
으로 체면을 버리고, '포용'으로 벌어질 수 있는 최악의 상황조차도 포
용하여야 극복할 수 있다.

― 조급함
사용할 감정근육은 버림, 포용, 즐김이다. 급할 때, 빨리 가고자 하
는 조급함을 버린다.

― 분노
사용할 감정근육은 버림, 포용, 관망, 시도이다. 분노가 날 때, 마음
속의 분노를 버리고, 최악의 상황을 포용하며, 관망의 자세를 가진다.
그리고 마지막으로 '나전달법'을 시도한다.

― 미움
사용할 감정근육은 버림, 포용, 관망, 긍정, 공감이다. 미움은 '버림',
'포용'으로 가라앉히고, 관망의 자세를 가진다. 그리고 긍정적인 측면의

상대방 입장을 공감한다.

— 멸시감

사용할 감정근육은 버림, 포용, 관망, 긍정, 공감이다. 미움은 '버림', '포용'으로 가라앉히고, 관망의 자세를 가진다. 그리고 긍정적인 측면의 상대방 입장을 공감한다.

— 사랑

사용할 감정근육은 버림, 포용, 능동, 배려, 칭찬이다. 사랑하는 사람에게 사랑을 쟁취할 욕심을 버린다. 그리고 능동적으로 배려하라.

— 질투

사용할 감정근육은 버림, 포용, 칭찬이다. '버림'으로 질투심을 버리고, '칭찬'으로 상대방을 칭찬한다.

— 고독

사용할 감정근육은 버림, 포용, 시도이다. 친구 만들기에 대한 욕심을 버리고, '청친'을 시도한다.

— 슬픔

사용할 감정근육은 버림, 포용, 감사이다. 이미 잃어버린 것에 대한 미련을 버리고, 현재 가지고 있는 것에 감사한다.

— 힘듦

사용할 감정근육은 버림, 원원, 즐김이다. 지금 하고 있는 것을 제외하고 나머지는 책상에서 치운다. 그리고 지금 하고 있는 것에 집중한다. 그리고 지금 이 순간을 즐긴다.

― 지루함

사용할 감정근육은 버림, 포용, 능동, 긍정, 공감이다. 체면을 버리고, 최악의 상황을 받아들이고, 긍정적인 대화로 공감하면서 대화를 풀어나간다. 자기자신을 지키려고 침묵을 지키면, 지루한 상태는 계속된다.

― 기쁨

사용할 감정근육은 버림, 배려, 칭찬이다. 내가 잘한 것에 대하여 칭찬받고 싶은 마음을 버리고, 나를 질투하고 있는 타인을 배려하고 오히려 나의 공덕은 무시하고, 타인을 칭찬한다.

― 즐거움

사용할 감정근육은 버림, 배려, 시도이다. 즐거움을 누리고자 하는 마음을 버리고, 호감을 받지 못하는 주위 사람을 배려하고, 그들과 같이 즐거움을 누리고자 하는 시도를 한다.

― 측은감

사용할 감정근육은 버림, 배려, 감사이다. 나의 풍족함을 혼자 계속 누리고자 하는 마음을 버리고, 그 풍족함을 주위 사람에게 나누어주고(배려), 아직 남아 있는 자산에 감사하자.

— 편안함

사용할 감정근육은 버림, 배려, 즐김이다. 편안함을 계속 누리고자 하는 마음을 버리고, 힘든 주위 사람을 도와주고 (배려), 그 배려행위를 즐긴다.

— 분노

사례1

참을 인자 3개면 살인도 면한다는 말이 있다. 옛날 어느 선비가 재상이 될 상이나 살인을 하여 인생을 망칠 수 있다는 말을 듣고, 집에 참을 인자를 여기저기 붙여 놓았다. 그 후 집을 떠난 후, 오랜만에 돌아왔는데, 아내가 외간 남자와 한 방에 들어가는 것을 보게 되었다. 그는 엄청난 분노를 안고, 방 가까이 가면서 여기저기에 붙어 있는 참을 인자를 3번 보게 되었다. 선비는 참을 인자를 보면서 분노를 억누를 수 있게 되었고, 다시 외간 남자를 천천히 보니, 외간남자가 아니라, 처제였다는 것을 알게 되어 살인을 면하게 되었다는 이야기다. 인내는 이미 생겨버린 분노를 참아내는 단어이지만, 아예 처음부터 생기지 않게 하는 단어가 있다. '버림'이다. 아내가 바람을 피웠을 때, 아내와 아내의 정부를 살해하는 것보다는 이혼을 선택하는 것이 남은 인생을 위하여 바람직하다. 이것에는 '버림' 감정근육이 이용되어진다.

— 분노

사례2

내가 몰던 차의 타이어를 교체하게 되었다. 타이어가게의 점원이 나와, 타이어를 보더니, "…이러니까. 이 타이어로 교체하셔~" 이런 식으로 새파랗게 젊은 놈이 아버지뻘 되는 나에게 불손한 말투로 말을 하면서, 비싼 타이어로 교체하라는 것이었다. 기분도 나쁘고 비싼 타이어도 부담이 되어서, 결국 저렴한 타이어로 교체하고 나왔다. 그 이후에 타이어 교체를 할 때면, 그 가게는 절대 가지 않았다. 내가 불같은 성격이었다면, "당신 말투가 왜 이래?" 라고 훈계하였을지 모른다. 이런 상황에서 어떤 사람은 "당신 혀가 왜 이렇게 짧아?" 라고 시비조의 언어를 사용하는 사람도 있다. 이렇게 한다면 틀림없이 싸움이 될 것이다. 만나는 사람마다 이렇게 싸움을 하고 다닌다면, 힘든 인생이 될 것이다. 그렇다고 내가 만나는 인격이 없는 사람들이 인격자로 바뀌지도 않을 텐데 말이다. '버림' 감정 근육으로 분노를 버리고 조용히 넘어가는 것이 인생을 편하게 사는 방법이다.

- - - -
포용

　'포용' 감정근육은 죄책감, 수치감, 염증, 혐오감, 조급함, 분노, 미움, 멸시감, 사랑, 질투, 고독, 슬픔, 지루함으로 총 13개의 감정에 대한 감정근육으로서 불교적인 단어이다. 모든 것을 포용한다. 심지어 최악의 상황조차도 포용한다. 다른 사람들의 약점들을 포용한다. '포용'으로 나의 행동이 잘한 것이 많아도 잘못된 부분에 대한 타인의 비난을 받아들인다. 죄를 인정하면 크게 잘못되는 것으로 알고, 또는 자존심에 상처가 나기 싫어 자꾸 거짓을 선택하여 부인함으로써, 더 큰 거짓을 낳는 악순환을 만들지 말자. 포용은 불교에서 중요시하는 단어이다. 부처님의 속세의 신분은 왕자이다. 왕자의 신분으로서 자기보다 못난 사람들을 포용하였다. 자기보다 잘난 사람은 사랑하고, 자기보다 못난 사람은 포용한다. 슬픔은 자기가 가지고 싶은 것을 못 가졌을 때 오는 감정이다. 육체적 아픔이 통증이라면 정신적 마음의 아픔은 슬픔이다. 가지고 싶은 욕망을 버려라. 현재 못 가진 상태를 받아들여라. 그것이 포용이다. 포용을 하게 되면 슬픔은 사라진다. 모든 것을 내려놓는 사람은 부처가 되는 것이다. 열반의 세계로 들어가는 것이다.

― 죄책감
　사용할 감정근육은 결사, 버림, 포용, 인정이다. 죄의식에 너무 빠져 불안해하지 말고, '버림', '포용' 감정근육으로 죄의식에서 빠져나온다. '인정' 감정근육으로 잘못을 과감히 인정한다.

― 수치

사용할 감정근육은 버림, 포용, 시도, 사랑, 즐김이다. 최악의 상황을 포용한다.

― 염증

사용할 감정근육은 인내, 포용이다. 염증은 '인내'로 버티고, '포용'으로 받아들인다.

― 혐오감

사용할 감정근육은 인내, 포용이다. 혐오감은 '인내'로 버티고, '포용'으로 받아들인다.

― 조급함

사용할 감정근육은 버림, 포용, 즐김이다. 조급함은 늦어서 발생할 최악의 상황을 '포용' 감정근육을 사용하여 받아들인다.

― 미움

사용할 감정근육은 버림, 포용, 관망, 긍정, 공감이다. 미움은 '버림', '포용'으로 버리고, 관망하고, 미워하는 대상의 긍정적인 측면을 바라보자.

― 멸시감

사용할 감정근육은 버림, 포용, 관망, 긍정, 공감이다. 멸시감은 '버림', '포용'으로 버리고, 멸시하는 대상의 긍정적인 측면을 바라보자.

— 사랑

사용할 감정근육은 버림, 포용, 능동, 배려, 칭찬이다. 사욕은 버리고, 사랑하는 사람이 필요로 하는 것을 능동적으로 배려하라.

— 질투

사용할 감정근육은 버림, 포용, 칭찬이다. 질투나는 상대방보다 못한 나의 모든 못난 점을 있는 그대로 받아들인다.

— 고독감

사용할 감정근육은 버림, 포용, 시도이다. 고독한 상태를 받아들인다.

— 슬픔

사용할 감정근육은 버림, 포용, 감사이다. 이미 잃어버린 것에 대한 미련을 버리고, 없는 지금의 상태를 받아들인다.

— 지루함

사용할 감정근육은 버림, 포용, 능동, 긍정, 공감이다. 체면을 버리고 과감히 나의 이야기를 꺼내 벌어질 수 있는 최악의 상황을 받아들인다. 그리고 긍정적인 것을 중심으로 상대방과 공감하며 대화를 끌고 나간다.

— 분노, 미움, 멸시감

사례1

2차대전 시기에 하와이 군도의 3만 명 정도의 주민이 있는 어떤 섬에서 미국의 과학자들이 한 실험을 하였다. 특정 연도에 태어나는 모든 아기들의 사생활들을 성인이 될 때까지 세밀히 기록하여 연구하는 실험이었다. 그런데 이 기록은 후에 검토되었을 때 특이한 연구 결과가 없었다. 잘난 부모를 둔 아기는 잘되었고, 마약을 하는 부모를 둔 아기는 후에 마약에 손을 대듯이, 못난 부모를 둔 아기는 못 나간 기록이었다. 그래서 그 기록은 그저 창고에 쌓여 보관만 되어 있었는데, 어느 날 어떤 과학자가 그 기록에서 특이한 점을 발견하였다. 못난 부모 밑에서도 잘 나간 아이가 있었는데, 그들에게서 공통점을 발견한 것이다. 그 공통점은 이 아이들의 주위에는 그 아이의 모든 허물을 다 받아주는 사람이 적어도 한 사람 이상은 있었다는 것이다. 이 사람으로 인하여 아이는 밑바닥으로 내동댕이쳐 졌을 때, 포기하며 절망하고 쓰러지는 것이 아니라, 그것을 딛고 일어서는 힘이 생길 수 있었던 것이었다. 허물을 다 받아주는 사람으로 인하여 아이에게는 자존감이 생겨, 이 자존감으로 인하여 힘든 상황에서 그 힘든 상황을 이겨내는 힘이 생긴 것이다.

이것을 이 과학자는 탄성회복력이라고 칭하였다. 허물을 다 받아주는 사람은 허물이 있는 사람에게 탄성회복력을 키워주는 것이다. 그러므로 남의 허물을 보면 그 허물을 멸시하지 말고 받아 주자. 즉 포용하는 것이다.

시도

시도 감정근육은 공포, 미안함, 수치, 분노, 고독감, 즐거움으로 총 5
개의 감정에 사용된다. 무일푼, 무학력에서 현대그룹을 만들어낸 생전
정주영 회장의 유명한 말인 "해보기나 했어"라는 말이 있다. 성공을 위
해서는 시도를 해야 한다. 겁먹고 시도를 하지 않으면 항상 제자리 또
는 후퇴하다가 낭떠러지로 떨어져 실패한 인생을 살게 될 수도 있다.
성공이 아니라 살기 위해서라도 시도하라. 공포에서는 나의 신체를 지
키기 위해서 '공격' 시도를 감행하고, 미안함에서는 어려운 청탁을 과감
히 '거절'하는 시도를 하고, 수치감에서는 '노출' 시도를 하고, 분노에서
는 '나전달법'을 시도하고, 고독감'에서는 '청친'을 시도하라. '락'에서는
'전친'을 시도하라. 공포, 미안함, 분노에서의 '시도'는 나를 지키기 위한
시도이고, 수치에서는 나를 지키기 위한 '시도'이면서 친구를 만드는 '시
도'이고, 고독감, 즐거움에서의 '시도'는 친구를 만드는 시도이다.

— 공포
사용할 감정근육은 결사, 시도, 인내이다. 공포에서의 '시도'는 '공격'
의 의미이다. "공격이 최선의 방어"라는 말이 있듯이, 자기의 육체를 살
리기 위해서 '공격'이라는 시도를 한다.

— 미안함

사용할 감정근육은 결사, 시도, 인내이다. 미안함에서의 '시도'는 '거절'의 의미이다. 상대가 나의 자산을 빼앗으려고 갖은 술수를 쓸 때, 거기에 휘말려 들지 않을 수 있도록 당당히 '거절'을 시도할 수 있어야 한다.

— 수치

사용할 감정근육은 버림, 포용, 시도, 사랑, 즐김이다. 수치에서의 '시도'는 '노출'의 의미이다. 수치스럽다고 계속 숨어 있어서는 발전이 없다. 수치를 극복하고 밖으로 나와야 한다.

— 분노

사용할 감정근육은 버림, 포용, 관망, 시도이다. 분노에서의 '시도'는 '나전'의 의미이다. '나전'은 '나전달법'의 약자이다. 분노 상태에서 분노로 인하여 내 앞에 없는 사람에 대하여 비난을 하고 싶은 욕망이 꿈틀거리게 된다. 참아내야 된다. 그 비난의 화살은 언젠가는 다시 본인에게 돌아오기 때문이다. 분노를 일으킨 상대가 내 앞에 없을 때는 그 사람에 대한 비난을 하지 말고, 그 사람이 내 앞에 있을 때, 나전달법으로 호소하라. 나를 서운하게 하고, 나에게 피해를 준 사람의 행동을 무조건 나쁘다고 비난하면 안 된다. 세상에 강함과 약함은 존재한다. 동물의 세계는 약육강식의 세계이다. 인간의 세계도 비슷하다. 동물들의 세계에서 힘이 센 사자는 다른 동물들을 사냥하여 잡아먹으며 생활한다. 그렇다고, 사자의 사냥을 나쁘다고 말하지는 않는다. 인간의 세계를 동물의 세계처럼 생각한다면, 한 사람의 행동으로 인하여 다른 사람이 해를 입었을 때, 해를 끼친 사실 하나만 가지고, 그 행위를 나쁘다고 단정할 수 없는 것이다. 그러나 강함과 약함은 존재한다.

그렇기 때문에 피해를 입지 않으려면 내가 강해져야 하는 것이다. 내가 피해를 입었을 때, 내가 피해를 입은 사실만 피해를 준 상대방에게 말하여 상대방이 이 사실을 알도록 하자. 상대방은 미안하여 앞으로 같은 행동을 할 때, 한 번 더 생각할 것이다. 서운함과 피해만 이야기하라. 더 나아가 비난까지 가지 마라. 인간관계 비법의 근본 원리는 '져주기'이다. 나 전달법은 상대의 기분을 나쁘지 않게 하면서, 즉 져주면서, 상대가 다시 잘못을 하지 않게 하는 훌륭한 대화법이다. 해님과 바람이 나그네 옷 벗기기 내기를 하여 해님이 이긴 것은 누구나 다 아는 동화이다. 바람님이 강력한 바람으로 나그네의 옷을 벗기려고 하였으나 나그네는 오히려 더 옷을 붙잡았다. 그러나 해님의 따뜻한 햇볕에 나그네는 더워서 스스로 옷을 벗는다. '비난'은 너 전달법으로서 상대방에게 분노를 일으켜서 바람님의 경우처럼 역효과를 낸다. 그러나 해님이 나그네의 옷을 스스로 벗게 하듯이, '호소'는 나 전달법으로서 상대방에게 미안함을 일으켜서 잘못을 스스로 고치게 한다. 강력하게 전달하는 '비난'보다 부드럽게 전달하는 '나전달법'이 이기는 것이다.

상사나 다른 사람들에게 갑질 등의 핍박을 당할 때, '나전달법'이 유용하게 사용되어진다. 그렇다고 '나전달법'을 쉽게 아무 때나 사용하면 안 된다. 분노를 버리고, 최악의 상황을 포용하며, 관망의 자세를 가진다. 그래도 더 이상 참기 어려울 때 '나전달법'을 쓰는 것이다. 부드러운 성격의 '나전달법'이 강성 성격의 '비난'을 이긴다. 〈터미네이터〉라는 영화를 보면, 아놀드 슈왈제네거(Arnold Schwarzenegger)가 연기하는 제1세대 로봇이 미래에서 온 제2세대 액체금속로봇에 계속 싸움에서 밀리는 것을 볼 수 있다. 액체금속로봇은 아무리 상처를 입고 파괴되어도, 액체로서 다시 원상 복구되는 로봇으로 제1세대로봇보다 상위개념의 로봇이 되는 것이다. 즉 부드러움이 강함을 이기는 것이다. 나 전달법을 쓰기 전에 상대방에게 충고(비난, 너전달법)를 하면 안 된다. '역지사지'라는 말이 있다. 처지를 바꾸어서 생각해보라는 말이다. 이 말은 나 전달법에 해당되는 말이 아니다. 오히려 내가 기쁠 때, 내가 편안할 때, 상대방을 배려하라는 경우에 쓰는 말이다. 즉 호사분면에서 우호적 약자를 만났을 때 사용하는 단어이다. 나 전달법을 써야 할 때는 호사분면에서 적대적 약자를 만났을 때이며, 그저 나 전달법을 바로 써먹어라.

이렇게는 하지 말자. "역지사지라는 말이 있죠. 당신 입장만 생각하지 마시고 우리 입장도 생각해 주십시오." 이렇게 말하는 것은 너 전달법으로 비난에 해당된다. 상대방은 이렇게 나올 것이다. "당신도 역지사지로 우리 입장을 생각해 주세요." 상대방과 타협이 아닌 전쟁이 시작될 것이다. 비난하지 말고, 즉 '역지사지'라는 단어를 사용하지 말고 바로 나 전달법으로 호소하기만 하라.

— 고독

사용할 감정근육은 버림, 포용, 시도이다. 고독에서의 '시도'는 '청친'의 의미이다. '청친'이란 상대에게 친구가 되자고 요청하는 것이다. 사귀고 싶은 사람에게 우선 접근하라. 그리고 대화를 시도하라. 용기가 필요하다. 거절을 당하는 것을 받아들여라. 포용하라. 그리고 또 시도하라, 열 번 찍어 안 넘어가는 나무 없다. '미인대칭'이라는 말이 있다. 인간관계를 잘하기 위한 말의 약자이다. '미소', '인사', '대화', '칭찬'의 앞글자로 따온 말이다. '대화'는 인간관계에서 필수 불가결한 요소이다. 타인과 친구가 되고 싶은 욕심을 먼저 버려라. 친구가 되자고 구걸하는 순간, 이미 싸움에서 지고 들어가는 것이다. 당당한 자세로 '대화'를 걸자.

― 즐거움

사용할 감정근육은 능동, 배려, 시도이다. 즐거움에서의 '시도'는 '전친'의 의미이다. 또는 우리의 모임에 들어오라는 '권유'의 의미이기도 한다. 내가 친구가 많아 즐거울 때에 그렇지 못한 사람이 주위에 있을 수 있다. 그 사람에게 '전친'을 시도하여 그 사람의 외로움을 달래준다. 모임에서는 가능하다면, 회장 또는 총무가 되라. 그리고 회원들에게 '전친'을 시도하라.

― 고독감

사례1

도서관에서 자격증 공부를 하고 있으면 같은 자격증 공부를 하는 사람들을 보게 된다. 그런 사람들과 말을 트고, 서로 알고 지내면, 공부에 도움이 된다. 혼자 공부하며 외롭게 있는 것을 떨칠 수도 있고, 자격증 시험공부의 여러 정보를 나눌 수 있기 때문이다. 담배를 피는 사람들은 서로 쉽게 가까워진다. 실외의 특정장소에서 담배를 피다가 서로 말을 나눌 수 있기 때문이다. 나는 담배를 피지는 않지만, 담배를 피는 어떤 사람을 알게 되면서, 그 사람이 아는 다른 사람과도 안면을 트면서 여러 사람을 알게 되었다. 모르는 사람과 친해질 수 있는 방법은 먼저 말을 거는 '청친'을 시도하여야 한다.

― 분노

사례2

필자가 대기업에 다닐 때, 있었던 이야기다. 같은 사무실 직원 중에서 여자 경리가 있었다. 하루는 여자 경리가 사무실에서 일을 하지 않고, 게임을 하였다. 대리였던 나는 사무실의 근태 관리를 위하여 경리에게 주의를 주었다. 그 후 그 경리는 나를 대할 때, 쌀쌀맞게 대했다. 그 당시에 나는 경리에게 마냥 무기력했다. 경리가 하는 말을 글로 적으면, 그저 평범한 언어였다. 그러나 얼굴표정과 억양은 항상 나에게는 화난 상태로 대했다. 그 당시 나는 기분은 나빴지만, 그것을 지적하지는 못했다. 결국 그 부서에서 다른 부서로 옮길 때까지 그 경리로 인해서 많은 스트레스를 받게 되었다. 그때 지금의 나라면, 얼굴표정과 억양도 따끔하게 지적을 하여 고쳤을 것이다. 물론 나전달법으로 호소하는 것을 시도하여야 한다. "○○○씨! 말씀하실 때 화난 표정과 억양이 무척 신경이 쓰이네요~ 좀 부드럽게 대해주시면 안될까요?" 이런 식으로 말이다.

─ 분노

사례3 　우리 빌딩은 주차장이 옥상에도 있다. 옥상에 주차하는 입주자들에게는 매월 1만 원의 주차비가 부과되고, 지상이나, 철골주차장에 주차하는 입주자들에게는 매월 3만 원의 주차비가 부과된다. 옥상에 주차하기 위해서는 카리프트라고하는 자동차 전용 승강기를 이용하여야 한다. SUV차량은 크기로 인하여 카리프트 고장의 원인이 될 수 있어서, 금지하고 있다. 내가 이 빌딩에 입사하기 전에 빌딩 입주자 중의 한 사람이 억지를 부리며 떼를 써서, 전 관리소장이 SUV차량을 옥상에 주차가 가능하게 등록을 시켜 주었다. 빌딩은 운영위원회에서 운영한다. 운영위원회의 위원장은 모든 중요 결재의 최고 결재권자이다. 물론 관리소장의 인사권을 가지고 있다. 어느 날 위원장이 SUV차량이 옥상에 주차를 못하게 하라고 나에게 지시를 하였다. 나는 입주자에게 전화하였다. 그러자 입주자는 나에게도 역시 떼를 쓰는 것이었다. 전 소장이 허가를 내주어 지금까지 아무 문제 없이 잘 지내왔는데 갑자기 당신이 소장으로 와서 왜 문제를 일으키는 것이냐는 것이다. 나는 그러면 한 달 유예기간을 주겠다고 하였다. 결국 이 입주자와 12월 말까지 유예기간을 연장하는 것으로 합의를 보았다. 전화했던 날이 10월 초이므로 3달 정도의 유예기간이 된 것이다. 이 사실을 위원장에게 보고를 하자, 위원장은 화를 내면서 당장 오늘부터 시행하라고 다시 지시를 하였다. 나는 중간에 끼어서 난처한 입장이 되었지만 자신이 있었기 때문에 경리와 기사에게 이제부터 내가 어떻게 전화를 하는지 들어보라고 하였다. 나는 전화를 다시 하였다.

"여보세요~ 예~ 관리소장입니다. 제가 유예기간을 12월까지 봐 드리려고 하였지만, 지금 제가 이렇게 하고 있는 것은 사실 위원회 위원 중 한 분의 민원이 있었기 때문입니다. 이 분이 지금 한사코 바로 오늘부터 시행하라고 이야기하고 있습니다. 저는 이 분의 민원을 무시할 수 있는 입장이 아니기 때문에 양해를 부탁드리려고 다시 전화하였습니다. 참 제 입장이 난처하게 되었습니다. 죄송합니다."

"네~ 소장님 입장을 난처하게 해 드려서 제가 죄송하죠. 알았습니다. 그러면 계산을 어떻게 하면 될까요?"

"네~ 그러면 경리를 바꿔드리겠습니다. 감사합니다."

여기에서 내가 성공할 수 있었던 것은 처음부터 끝까지 나의 입장만 이야기를 한 것이다. 즉 나전달법을 사용한 것이다. 만약 상대방의 입장으로 이야기하는 너전달법을 사용하게 되면, 상대방을 비난할 수밖에 없게 되어 협상은 물 건너가게 될 수 있었을 것이다. 용기를 가지고 시도를 하되, 나전달법으로 시도하는 것이다.

― 공포

사례4

밤에 혼자 산에서 등산을 한 적이 있다. 내가 가는 길의 좌우 숲 속에서 무언가 무서운 것이 튀어나올 것 같았다. 너무 무서웠다. 이 상황에서 마음속으로 '결사', '시도'를 외치자 공포가 많이 사라졌다. 그래서 공포를 극복하고 정상까지 등산을 마칠 수 있었다. 여기서 '시도'란 나를 공격하는 공격자에 대한 물리적인 공격을 의미한다. 이미 공격을 당하고 있는 상황에서는 나도 공격을 해야 하는 것이다. '공격이 최선의 방어'라는 말이 있다. 내가 살려면 공격을 해야 한다. '시도'로 내가 상대방을 제압할 수 있다는 자신감이 생기면, 공포는 사라지게 되는 것이다.

― 공포

사례5

아파트에서 관리사무소장으로 근무한 지 8개월이 지났을 무렵이다. 기전기사 중에서 6년을 다닌 직원이 있다. 그 직원은 주민들과 싸움을 너무 자주해서, 현재 동대표 회장이 내보내라고 한 적도 있고, 전 관리소장도 문제직원이므로 기회가 되면 반드시 내보내라고 나에게 조언을 하였다. 나는 소심하여, 나가라는 말을 못했고, 그렇게 문제가 될만한 일도 생기지 않았다. 그러나 평소 말투가 불손하고, 주민들과 자주 다퉜다. 물론 다툰 주민들에게도 문제가 있어, 그 다툼으로 내보낼 수는 없었다. 그래도 표정, 말투에는 분명 문제가 있었다. 밖에서 관리사무실로 들어오면서 욕을 하면서 들어오는 경우가 많았다. 자기보다 직급이 위이면서 인사권자인 관리소장이 사무실에 있는 것을 알면서도 욕을 하였다. 물론 욕은 대부분 악성 주민이 대상이었다. 그래도 관리소장 앞에서 그렇게 자주 욕을 하는 것은 소장을 무시하는 것과 같았다. 나는 그동안 참고 벼르고 있었다.

'내가 경고를 하였을 때, 이 사람이 반격을 하면 어떻게 하지. 반격하면 끝까지 결사, 시도하여 진짜 내보내지 뭐. 그래~ 결사, 시도하자.'

이렇게 속으로 외친 후, 경고하였다.

"○○○ 반장님! 듣기에 상당히 거북합니다. 자꾸 그러시면 인사조치 하겠습니다."

뜻밖에도 반장은 "알았습니다."라고 공손히 답하였다. 그래도 그 이후에 계속 구시렁거렸다. 오후에 반장을 단독 면담하였다.

"반장님은 일을 열심히 하고, 잘하지만 말로 그 모든 공덕을 허물어 버립니다. 그것으로 인하여 많은 사람들이 내보내라고 하고 있습니다. 표정, 억양을 고치시고, 욕도 하지 마세요."

이렇게 충고를 하였다. 그 이후에 정말 사무실에서 욕을 하지 않고, 주민들과 트러블을 일으키지 않았다. 내가 반장에게 쓴소리를 못한 것은 분노를 참는 덕망이 있어서라기 보다, 공포가 더 컸기 때문이다. 이 공포를 이기는 것이 '결사, 시도'이다.

— 공포

사례6

나는 거의 직원들에게 화를 내지 않는다. 그런데 바로 밑의 과장이 자주 퉁퉁거리는 말투로 말하는 것이었다. 전날 비가 많이 왔다. 단지를 순찰 중에 외부벽등 여러 개가 동시에 점멸을 반복하는 것이었다. 비가 와서 약간 어두웠지만, 낮이기 때문에 등이 켜지면 안 되는 상황이었다. 전화로 과장에게 전화해서 원인을 알아보고 조치하라고 지시하였다. 그다음 날 아침 회의에 그것이 어떻게 되었냐고 물었다.

"기전기사들에게 이야기는 하였지만, 비가 많이 오고 다른 일을 하다 보니 모르겠습니다."

그런데 이 말을 감정을 담아 역시 퉁퉁거리면서 답하는 것이었다. 일도 제대로 처리하지 못하면서 퉁퉁거리면서 답을 하니까 나도 참던 화가 폭발하였다.

"뭐하는 겁니까? 퉁퉁거리는 말투 고치라고 옛날부터 얘기를 계속하는데, 왜 이렇게 못 고치는 겁니까? 소장인 나한테 퉁퉁거리면 주민 등 다른 사람한테는 더 할 텐데 이래도 되는 겁니까?"

이렇게 말투만 가지고 화를 내면서 야단을 쳤다. 그래서인지 그날은 과장이 꼬리를 내리고 말투를 많이 공손하게 하였다. 이 경우에 화를 낼 때는 오직 말투 가지고만 이야기를 해야 된다. 그래야 상대방도 자기의 잘못을 이해하고, 말투에 집중하여 고칠 수 있게 되는 것이다. 여기서 사용되는 기법이 '결사, 시도'이다. 평소 화를 내지 않던 사람은 화를 낼 줄 모르게 된다. 그리고 화를 내려면 용기가 필요하다. 상대방의 마음에 상처를 주는 것이 마음에 걸리고, 힘이 센 상대방이 역공을 하는 것에 대한 두려움도 크기 때문이다. 그래서 '결사'로 용기를 얻어내고, '시도'로 상대방의 잘못에 대한 지적을 하여야 한다.

· · · ·

즐김

'즐김' 감정근육은 수치, 조급함, 힘듦, 편안함으로 총 4개의 감정에서 사용되어진다.

— 수치

사용할 감정근육은 버림, 포용, 시도, 사랑, 즐김이다. 상황에서 도망치지 말고, 노출을 시도한다. 이렇게 하여 마음이 평온해지면 상대방을 두려워하지 말고, 사랑의 마음으로 대한다. 그리고 그 상황을 즐긴다.

— 조급함

사용할 감정근육은 버림, 포용, 즐김이다. 출퇴근길에 운전하다 보면 길이 막히는 경우가 많이 있다. 이렇게 급한 상황에서는 '버림'과 '포용' 감정근육으로 조급함을 없앤다. 천재는 노력하는 자를 이기지 못한다. 노력하는 자는 즐기는 자를 이기지 못한다. 이때 '즐김' 감정근육으로 이 상황을 즐겨라. 피할 수 없으면 즐겨라.

— 힘듦

사용할 감정근육은 버림, 원원, 즐김이다. 지금 하고 있는 일과 관련된 모든 것을 책상 위에서 치운다. 그리고 한 개만 다시 꺼낸다. 그리고 그 일을 즐긴다.

— **편안함**

사용할 감정근육은 능동, 배려, 즐김이다. 배려를 하고 있는 것을 즐
긴다.

· · · ·

인내

'인내' 감정근육은 저항 불가한 공포, 저항 가능한 공포, 미안함, 고통, 염증, 혐오감으로 총 6개의 감정에서 사용되어진다. 인내에는 두 가지 의미가 있다. 육체적 고통은 약 또는 다른 의학적 방법으로 줄일 수 있다. 생각을 바꾼다고 줄일 수 있는 것은 아니다. 고통을 줄일 수 없으므로 '인내' 감정근육을 사용하여 참아내는 것이다.

— 공포 – 저항 불가능한 상황의 공포

사용할 감정근육은 결사, 인내이다. 자가용 운전 중 큰 덤프트럭에 쫓기는 상황이 되면, 우선 '결사'로 용기를 만들어 내고, 그다음에 '인내'로 그 상황을 버텨내자.

— 공포 – 저항 가능한 상황의 공포

사용할 감정근육은 결사, 시도, 인내이다. '결사', '시도'로 저항한다. 그 후, 돌아오는 반격에 대하여 '인내' 감정근육으로 버틴다.

— 미안함

사용할 감정근육은 결사, 시도, 인내이다. '결사', '시도'를 한 후, 돌아오는 미안함을 '인내' 감정근육으로 버틴다.

― 고통

사용할 감정근육은 인내이다. 강한 육체적 통증이 있을 때, '인내' 이
외의 다른 대처법은 없다. 오로지 인내하며 버텨야 한다.

― 염증

사용할 감정근육은 인내, 포용이다. 가벼운 육체적 통증이 있을 때,
'인내' 하고, 포용한다.

― 혐오감

사용할 감정근육은 인내, 포용이다. 혐오감이 밀려올 때는 인내하고,
포용한다.

능동

'능동' 감정근육은 사랑, 지루함 두 개의 감정에 사용되어진다. 감정
사분면에서 '능동' 감정근육은 호의적 상대의 경우에만 사용하는 감정
근육이다. 적대적 상대에게 사용하면 부정적 결과가 나올 수 있다.

— 사랑

사용할 감정근육은 버림, 포용, 능동, 배려, 칭찬이다. 사욕을 버리
고, 능동적으로 남을 배려한다.

— 지루함

사용할 감정근육은 버림, 포용, 능동, 긍정, 공감이다. 체면을 버리
고, 능동적으로 남의 긍정적인 측면을 보면서 공감한다.

— 기쁨

사용할 감정근육은 능동, 배려, 칭찬이다. 능동적으로 칭찬거리를
찾아서 칭찬한다.

― 지루함

사례1

노인정에서 한 할머니가 다른 할머니들에게 갈비집에서 식사를 대접하였다. 그 자리에 소장인 나와 동대표 회장이 함께 가게 되었다. 식사 전 테이블에 모두 둘러앉았다. 그런데 아무도 말이 없이 가만히 앉아 있는 것이었다. 너무 어색한 상태라 소장인 내가 먼저 '버림', '포용', '긍정', '공감'의 전략으로 말을 시작하였다. 공격당할 것에 대한 두려움에 말을 아끼는 것이 아니라, 공감되는 대화를 찾은 후, 식사를 대접하는 할머니를 쳐다보면서 말을 하였다. 그 할머니의 자녀분이 사업을 하는데 사업이 잘 되어, 용돈이 풍족하게 많기 때문에 종종 식사를 대접하는 것이라는 이야기를 회장에게 들은 바가 있었다. 내가 능동적으로 말을 시작하였다.

"자녀분이 무엇을 하세요?"

"○○○이란 사업을 해요."

"요즘 그 사업이 ~하더군요."

이런 식으로 말을 풀어가니까 다른 사람들도 하나씩 말을 하기 시작하면서 부드러운 대화와 함께 식사를 하게 되었다. 여기서 내가 대화에 성공할 수 있었던 것은 할머니는 말을 하는 것을 좋아하는 사람이고, 이 자리가 할머니가 할머니의 아들에게 받은 돈으로 식사를 사는 자리이기 때문에 할머니는 본인의 아들 자랑을 하고 싶었을 것이다. 자녀분에 대한 나의 질문은 타고 싶어하는 휘발유에 성냥불을 갖다 댄 격이다. 이런 자리에서는 할머니에게 풍족하게 용돈을 주는 할머니 아들의 사업이야기는 할머니와 대접받는 다른 사람들에게 공감되는 이야기일 것이다.

· · · ·

칭찬

'칭찬' 감정근육은 사랑, 질투, 기쁨으로 총 3개의 감정에 사용되어진다. 화가 났을 때, 우리 몸에서 생성되는 나쁜 물질의 독성이 행복했을 때 생성되는 우리 몸에 이로운 물질의 이로움의 10배 정도가 된다고 한다. 그렇기 때문에 10번 행복하더라도, 한 번 화가 나게 되면, 모두 까먹게 되는 것이다. 우리는 비난을 받게 되면 화가 나게 된다. 그러나 칭찬을 받으면 행복해진다. 따라서 10번 칭찬을 받았더라도, 1번 비난을 받게 되면 10번 칭찬을 받아서 우리 몸에 생성된 좋은 물질의 효과가 모두 없어지는 것이다. 그래서 가급적 주위 사람들에게 비난을 하지 말고, 가능하면 칭찬을 자주 해라. 그러면 당신은 주위 사람들의 건강에 도움을 주는 것이다. 칭찬은 지금 현재 내 앞에 있는 사람에 대하여만 하라. 내 앞에 없는 사람에 대하여는 칭찬을 하지 말라. 그 칭찬은 지금 내 앞에 있는 사람에 대하여 간접적 비난으로 비추어질 수 있기 때문이다. 그리고 본인이 잘났다고 생각하는 사람 앞에서는 가급적 조언보다는 칭찬을 하라. 아무리 가까운 사람이라 하더라도 조언은 함부로 남발하기에는 위험하다. 조언은 충고나 비난으로 비추어질 수 있기 때문이다. 굳이 조언을 하고 싶다면 다음 조건이 모두 충족될 때 조언을 하라.

첫째, 내가 당신을 좋아하고 있음을 상대방이 안다고 확신할 때. 둘째, 조언이 상대방을 위한 나의 의도에서 하는 말이라는 것을 상대방이 안다고 확신할 때. 셋째, 이 조언을 할 만큼 이 조언과 관련된 분야에서 내가 상대방에게 충분히 존경을 받고 있다고 확신할 때.

위의 세 가지 조건이 모두 만족되지 않았다면 가급적 조언은 하지 말라. 자칫 그 조언으로 그 사람과의 관계가 깨질 수 있다. 남에게는 칭찬을 아끼지 말자. 그러나 나에게 오는 칭찬을 기대하지 말라. 칭찬을 기대한다는 것은 만약 상대방이 칭찬하지 않게 되면 상대방에게 서운함을 가지게 되기 때문이다. 어느 여자 뇌과학자가 본인에게 뇌출혈의 사고가 생기게 되었다. 좌뇌에 뇌출혈이 생겼는데, 뇌출혈의 과정을 생생하게 경험하게 되면서, 좌뇌가 마비되고 우뇌만 작동하는 상태에서 본인의 신체의 감각이 사라지면서 본인이 본인 신체를 넘어서서 주위와 동화되는 경험을 하게 되는데 그것이 황홀하고 신비하면서 좋은 느낌이었다고 한다. 이 여자 과학자의 경험처럼 나라는 신체의 경계선을 없애게 된다면, 굳이 나의 자존심을 내세울 필요가 없게 된다. 나가 존재하지 않는데 굳이 다른 사람이 나를 욕하거나 칭찬하는 것의 의미가 없어지게 되는 것이다. 칭찬과 비난에 초탈해지게 되는 것이다. 칭찬이나 비난이 나에게 들어오면, '나'라는 신체의 경계선을 없애고, 바로 머릿속에서 패스해 버리자. 신체의 경계선이 있어야 칭찬이나 비난도 담아두는 것이다. 머리에 담가두고 거기에 울고 웃고 하지 말자는 것이다. 그러나 다른 사람들에게는 비난을 하지 말라. 그 대신에 칭찬은 아끼지 말자.

─ 질투

사용할 감정근육은 버림, 포용, 칭찬이다. 질투되는 상대를 본다는 것은 이미 그 사람의 잘난 점을 알고 있다는 것이다. 바로 그 잘난 점을 바로 칭찬한다.

— 기쁨

사용할 감정근육은 능동, 배려, 칭찬이다. 내가 상대방보다 잘했을 때는 상대방은 나를 질투의 대상으로 볼 것이다. 즉 적으로 보는 것이다. 어떤 일을 해도 모든 것을 혼자 다 할 수는 없다. 분명히 나보다 못한 상대방이 한 일이 있을 것이다. 바로 그것을 칭찬한다. 그러면 나를 적으로 보던 상대방의 마음이 풀어질 것이다.

— 기쁨

사례1

동대표 회장이 바뀌고 나서는 새로운 회장은 직원들의 일에 대해서 관심이 없다. 직원이 일을 잘 하는 것을 이야기해도 당연히 잘해야지 하는 반응이다. 잘하면 본전이고 못하면 욕먹는 상태인 것이다. 당연히 일할 의욕이 꺾이게 된다. 직장에서 돈을 버는 것도 좋지만, 일하고 칭찬을 받는 낙도 있는 것이다. 그런 낙이 사라진 것이다. 장비 중에서 원격검침 장비에 문제가 생겨 원격검침이 되지 않았다. 일일이 직원들이 700세대에 각각 가서 수기로 검침을 하게 될 처지가 되었다. 그런데 업체에 의뢰하면 상당한 수리비가 청구가 될 것인데 내가 그것을 돈 들이지 않고 해결하였다. 옛날 회장은 이럴 때, 이 이야기를 하면 바로 칭찬도 해주고 어떨 때는 식사도 사 주었다. 그래서 나는 내가 이렇게 일을 잘한 것을 소장에게 말하면서 이 내용을 회장에게 보고하여 칭찬을 받자고 하였다. 그러자 소장은 이렇게 말하였다.

"씨알도 안 먹히는 소리하지 마세요."

큰일을 해내어 칭찬을 받아 마땅한데, 오히려 꾸중만 들었다. 이 얼마나 황당한 일인가? 소장은 그런 이야기를 회장에게 보고하면, 칭찬보다 꾸중을 들을 수도 있다고 생각하여 나에게 그렇게 이야기한 것이다. 현재 회장은 매사에 부정적이다 보니, 칭찬받을 일도, 꾸중을 할 수 있는 사람이었다. 옛날 회장은 세금만 몇천만 원을 낼 정도로 경제적 여유가 있어서 그런지 항상 긍정적이고 칭찬을 잘하였다. 그래서인지, 우리 직원들이 일을 잘하면 칭찬을 잘 해주어 열심히 일을 잘하게 되었다. 일을 잘해도 꾸중을 받는다면 누가 열심히 일을 하겠는가? 아마 이런 조직은 성공보다는 실패하기가 쉬울 것이다. 칭찬을 생활화하자.

— 질투

사례2

『칭찬은 고래도 춤추게 한다』라는 유명한 책이 있다. 바다에서 가장 최상위 포식자는 범고래이다. 범고래가 나타나면 상어가 사라진다. 범고래는 상어도 잡아먹고, 동족인 다른 고래들도 잡아먹는다. 사람은 이렇게 무서운 범고래를 잡아다가 훈련을 시켜 고래가 춤을 추는 고래쇼를 펼친다. 범고래 훈련의 방법은 칭찬하는 것이다. 칭찬의 힘은 무서운 범고래도 친구로 만든다. 나를 이기는 다른 사람들을 보면서 질투하지 말고 오히려 칭찬한다면, 나를 이기는 강자들을 나의 친구로 만들 수 있다. 사회생활을 하면서 큰 힘이 될 것이다.

— 기쁨

사례3

주말에 집에서 쉬고 있는데 전화가 왔다. 한 세대의 에어컨 배관에서 물이 한 세대의 거실 바닥으로 역류하는 사고가 발생한 것이다.

토요일이었지만, 과장이 연락이 안 되는 상태이고, 오래 다닌 직원도 막힌 부위와 원인을 못 찾은 상태이기 때문에 전문 통수 업체를 오라고 요청하고 회사로 바로 출근하였다. 출근하여 우선 직원들에게 배관 통수 작업을 하는 데 필요한 장비들 중 현재 가지고 있는 장비들이 어떤 것이 있는지 물었다. 그런데 작은 배관을 뚫는 데 필요한 스프링 통수기계는 없었다. 에어컨의 물을 빼는 배관은 작기 때문에 가느다란 스프링 통수 기계가 필요하였다.

우선 한 직원과 근처의 철물점에 가서 그 기계를 사왔다. 그리고 역류하는 세대에 방문하여 현장조사를 하였다. 마침 업체 사장도 와있었고, 조사하다 보니 유력한 막힌 포인트를 업체 사장이 조언하여 주었다. 그 포인트가 거의 확실하다고 느껴졌고, 작업은 우리 직원들도 할 수 있는 것이어서 업체 사장에게는 출장비만 주는 것으로 합의하고 업체 사장은 보냈다. 그리고 직원들에게 작업을 맡기고, 관리사무소에서 기다리는데 밤 10시가 넘어서 직원이 관리사무소로 들어오면서 그 포인트가 아니라는 말을 하였다. 나는 다시 현장으로 가서 직원들과 다른 포인트를 찾았다. 다행히 밤 11시 정도에 정확한 막힌 포인트를 내가 찾았다. 그리고 비가 오고 그 포인트를 들어가 작업을 하려면 반지하의 젖은 땅을 기어서 들어가야 하는데 같이 있던 직원의 체격이 커서 들어갈 수가 없기에 내가 직접 들어가 통수 작업까지 하였다. 여기에서 정리하여 보면 소장인 내가 원인도 찾고 작업도 하여 문제를 푼 것이다. 즉 내가 일을 잘한 것이다. 이때 필요한 것이 '칭찬', '배려'이다.

나는 나의 인간관계 매뉴얼대로 그대로 하였다.

"과장님! 토요일인데도 밤늦게까지 고생하였습니다. 월요일 출근하면 특근수당 신청서를 올리세요."

"기사님들로 토요일 편안하게 대기만 하여야 하는데 비 오는 상황에서 고생하였습니다."

이렇게 나의 잘함에 대한 자랑은 하지 않고 상대방들의 잘한 부분만 말해 주었다.

감사

　'감사' 감정근육은 슬픔, 측은감 2개의 감정에 사용되어진다. 남이 해야 할 일을 내가 해야 할 때, 나의 입에서 '비난' 단어가 나온다. 반면에 내가 해야 할 일을 남이 해줄 때, 나의 입에서 '감사' 단어가 나온다. 나한테 도움이 되는 상황에는 '감사'가 나오고, 반대의 경우에는 '비난' 단어가 나오는 것이다. 그런 맥락에서는 '감사' 단어는 이기적인 단어이다. 그러나 어차피 인간은 이기적인 동물이다. 그것을 부정할 수는 없다. 이기적인 동물이기에 이기적인 단어가 필요한 것이다. 그래서 '감사'라는 단어도 필요한 단어인 것이다. '감사'는 기독교에서 많이 사용한다. '범사에 감사하라'라는 기독교 말이 있다. 행복하고자 할 때 유용한 단어가 '감사'이다. 그러나 성공하고자 한다면, '감사'라는 단어는 성공을 향하여 앞으로 나가려는 당신의 발목을 잡을 것이다. 더 이상의 진취적인 목표에 대한 욕구를 감소시키기 때문이다. 그래서 '감사'는 양날의 칼로서 행복 측면에서는 득이고, 성공 측면에서는 실이다

― 슬픔
　사용하여야 할 감정근육은 버림, 포용, 감사이다. 우선 이미 내 손에서 벗어난 것에 대한 미련을 버리자. 아직 나에게 남아 있는 것에 대하여 감사하자.

— 측은감

사용하여야 할 감정근육은 능동, 배려, 감사이다. 능동적으로 배려하고, 도와줄 수 있는 나의 풍족함에 감사하자.

· · · ·

긍정

'긍정' 감정근육은 미움, 멸시감, 지루함으로 총 3개의 감정에 사용되어진다. 모든 일을 긍정적으로 보자. 아무리 미운 사람도 긍정적으로 보면, 좋게 보일 수 있다. 미운 사람을 보게 되면, 마음속으로 '긍정'을 외친다. '긍정'은 미운 사람을 친구로 만들 수 있는 단어이다. 미운 사람을 생각하면 자동적으로 그 사람이 나에게 잘못한 것만을 우선적으로 떠올리게 된다. 이렇게 되면 영영 그 사람과는 친해질 수가 없다. 미운 사람을 생각하되, 그 사람이 나에게 잘한 것만을 생각하고, 그 사람의 장점만을 생각하도록 노력하자.

— 미움
사용하여야 할 감정근육은 버림, 포용, 관망, 긍정, 공감이다. '버림', '포용', '관망'이 모두 안되어 계속 상대방이 미울 때, 상대방의 장점 등 긍정적인 측면을 보라.

— 멸시감
사용하여야 할 감정근육은 버림, 포용, 관망, 긍정, 공감이다. '버림', '포용', '관망'이 모두 안되어 계속 상대방에게 멸시감이 생길 때, 상대방의 장점 등 긍정적인 측면을 본다.

— 지루함

사용하여야 할 감정근육은 버림, 포용, 능동, 긍정, 공감이다. 처음부터 긍정 대신에 공감하려고 상대방에게 마구 질문을 던지면 상대방은 거부 반응을 할 것이다. 우선 상대방의 긍정적인 측면을 보고 화재를 이끌어 낸다. 그다음에 상대방의 반응에 공감한다.

— 지루함

사례1 같이 일하는 동료 한 사람은 남들에게 핀잔을 주는 것이 습관화가 된 사람이다. 그것이 자기 딴에는 잘하는 것으로 알고 있는지 전혀 고쳐지지 않는다. 이런 사람을 고치는 것은 힘든 일이다. 차라리 내가 바뀌는 것이 편하다. 어떤 직장을 가도 이런 사람은 꼭 있기 마련이다. 이 사람과 대화를 할 때, 질문을 하면 안 된다. "그것도 몰라?"부터 대화가 시작되기 때문이다.

이럴 때는 '긍정' 화법을 사용하여야 한다. 모든 대화를 긍정적인 말만 하는 것이다. 이런 사람도 이런 화법에는 비난을 선택하여 말하기가 쉽지 않다. 이 사람을 대할 때, '공감'을 먼저하고 '긍정'을 하려고 하면, 우선 질문을 하여 답변을 받아 공감하여야 하는데, 그렇게 하면 거의 대부분 비난으로 답변이 온다. 특히 일과 관련된 질문은 100% 비난부터 답변을 시작한다. 그래서 이 사람과 대화할 때, '긍정'을 먼저 선택하고 그다음에 '공감'을 하니까, 비난이 거의 나오지 않았다.

공감

'공감' 감정근육은 미움, 멸시감, 지루함으로 총 3개의 감정에 사용 되어진다. 자기 자신의 이야기만 하는 사람은 인기가 없다. 남의 입장에 대하여 관심을 갖고, 질문하고, 경청한다. 이것이 공감이다.

— 미움
사용하여야 할 감정근육은 버림, 포용, 관망, 긍정, 공감이다. 미워하는 사람의 입장이 되어 다시 한 번 생각해 본다.

— 멸시감
사용하여야 할 감정근육은 버림, 포용, 관망, 긍정, 공감이다. 멸시되어지는 사람의 입장이 되어 다시 한 번 생각해 본다.

— 지루함
사용하여야 할 감정근육은 버림, 포용, 능동, 긍정, 공감이다. 지인과의 만남에서 대화가 없는 어색한 상태를 깨는 첫 번째 대책은 '버림'이다. 공격당할 것에 대한 두려움에 나의 이야기를 숨기고 있으면 대화는 끊어지게 된다. 주제는 '긍정'적이며 '공감'이 되는 주제를 선택한다.

― 지루함

사례1

도서관에서 자격증 공부를 하다 보면, 그곳에서 같은 자격증 공부를 하는 사람을 알게 된다. 나이대가 비슷하면 서로 이야기를 나누게 된다. 매주 주말에 도서관에 만나게 되면, 한 테이블에 같이 앉아 커피를 마시면서 잡담을 나누게 된다. 3~5명 정도가 한 테이블에 앉아 이야기를 나누는데 대화를 주도하는 사람이 있고, 듣기만 하는 사람이 있다. 이런 모임의 공감되는 주제는 당연히 자격증시험 또는 공부 이야기이다. 공무원을 정년 퇴직하고 주택관리사 자격증 공부를 하는 사람이 있었다. 그는 만나면 본인 아내의 험담을 자주 하였다. 그래도 이러한 주제가 있으므로 대화는 끊어짐이 없이 진행된다. '버림', '포용' 감정근육으로 자기 자신의 체면을 버리고 본인에게 부정적인 이야기도 서슴없이 하면, 그 사람과 더욱 친밀감이 생긴다. 개그맨들이 남을 웃길 때, 자기를 비하시키는 행동이나 말을 한다. 그러면 청중은 그것을 보고 웃으면서 대리만족을 느낀다. 그리고 그 개그맨을 좋아하게 된다. 마찬가지로 그 사람은 딱딱한 분위기를 자기를 비하시킴으로써 좋은 분위기로 만드는 것이다. A라는 사람이 자기를 비하하는 이야기라도 꺼내 잡담을 시작하는 배려를 한다. 그러면 B라는 사람은 A를 나무란다. 왜 그렇게 하였냐고 꾸중하고 비난을 한다. A는 자기를 나무라는 B하고는 그다음에 같이 이야기를 나누기가 싫어지게 된다. B하고 이야기를 하고 나면 상처를 받기 때문이다.

그래서 '긍정' 감정근육이 필요하다. 어떤 내용을 누가 이야기를 해도 그것을 모두 긍정적으로 받아들인다. 그리고 마지막으로 '공감' 감정근육을 사용한다.

"아~, 네~, 진짜?, 아유~ 힘들었겠네~." 등의 추임새를 줘가면서 공감을 해 주어야 한다. 말하는 사람은 신이 날 것이다.

· · · ·

결사

'결사' 감정근육은 공황, 저항불가 공포, 저항가능 공포, 미안함으로 총 4개의 감정에 사용되어진다. 감정사분면으로 보면, '결사'는 적대적 강자의 경우에만 해당되는 감정근육이다. 적대적 강자는 공포를 일으 킨다. 일반적인 공포는 몸의 근육을 긴장시키지만, 극도의 공포는 근육 에서 힘을 아예 빼버린다. 저항 불능상태로 몸을 만들어 버린다. 이래 서는 내 몸을 지킬 수 없다. 용기를 만들어 내서 상대와 싸울 수 있게 근육에 힘을 줄 수 있어야 한다. '결사'는 용기를 불러일으키는 데 필요 한 것으로서, 공포에 맞서는 데 절대적으로 필요한 감정근육이다.

— 공황
사용하여야 할 감정근육은 결사이다. 공황상태는 극도로 공포스러 운 마음의 상태이기 때문에 다른 해결책이 없다. 오로지 '결사'를 마음 속으로 외치며, 죽기를 각오하자. 마음이 안정될 것이다.

— 공포 – 저항 불가
사용하여야 할 감정근육은 결사, 인내이다. 예를 들면, 대형 덤프트 럭이 내가 운전하는 작은 승용차의 바로 뒤에서 경적을 울리며 바짝 쫓아 올 때의 두려움이다. '결사'를 마음속으로 외쳐 버틸 용기를 만들어 낸 후, 인내하자.

— 공포 – 저항 가능

사용하여야 할 감정근육은 결사, 시도, 인내이다. '결사'를 마음속으로 외치며 나를 공격하는 자에게 대항할 용기를 키운다. 공포스러운 상대를 만나면 싸워보기도 전에 먼저 기가 꺾여 대항도 못하고 목숨을 잃을 수가 있다. 결사를 외치고 용기를 내서 공격이라는 시도를 하자.

— 미안함

사용하여야 할 감정근육은 결사, 시도, 인내이다. 미안하지만 불가피하게 상대방을 공격하여야 될 필요가 있을 때, 또는 상대방의 요구를 거절할 필요가 있을 때이다. '결사'를 마음속으로 외치면서 용기를 내서, 당당히 거절하거나 미련 없이 공격하는 시도를 하자.

— 죄책감

사용하여야 할 감정근육은 결사, 버림, 포용, 인정이다. 죄를 지음으로써 그 이후 발생할 벌에 대한 두려움이 밀려온다. 이 두려움을 떨쳐내는 데 사용되는 감정근육이 '결사'이다.

인정

'인정' 감정근육은 죄책감 감정에 사용되어진다. 죄를 인정하면 크게 잘못되는 것으로 알고, 또는 자존심에 상처가 나기 싫어 자꾸 거짓을 선택하여 명백한 사실을 부인하게 되면, 더 큰 거짓을 낳는 악순환을 만든다. 깔끔하게 인정하라. 마음이 편해지고 일이 술술 잘 풀릴 것이다.

— 죄책감

사용하여야 할 감정근육은 버림, 포용, 관망, 인정이다. 죄의식에 너무 빠져 불안해하지 말고, 잃을 것에 대한 미련을 버리자. '포용'으로 최악의 상황을 받아들이고, 나의 행동이 잘한 것이 많아도 잘못된 부분에 대한 타인의 비난을 받아들인다. 마지막으로 '인정' 감정근육을 사용하여 잘못을 인정한다.

— 죄

사례1

자주 9시를 넘겨 출근하는 경리가 있었다. 소장이 보다 못해 어느 날 책망하였다.

"아침에 계속 그렇게 늦으면, 다른 사람에게 민망하지 않으세요?"

경리가 답했다.

"민망하지 않은데요. 소장님은 근무시간에 자는 것이 민망하지 않으세요?"

여기에서 경리는 2가지를 잘못하였다. 첫째, 잘못에 대한 비난을 포용하지 않았다. "민망하지 않은데요!"는 비난을 포용하지 않는 것이다. "늦어서 죄송합니다. 앞으로 일찍 오도록 하겠습니다"라고 포용하고, 출근 시간을 당기는 것으로 방향을 잡아야 했다. 둘째, 너전달법인 비난을 하였다. 소장의 나태한 업무태도를 비난하였다. 소장의 나태한 업무태도는 너전달법으로 호소를 할 성질의 것이 아니다. 근무 태도가 안 좋은 상사는 본인이 안 좋기 때문에 부하 직원들에 대한 업무태도 감독을 잘 하지 않는다. 당연히 부하직원들은 마음 편히 근무할 수가 있는 것이다. 지구를 구하겠다는 마음이 있으면 모를까 굳이 상사의 근무태도를 꼬집어 자기 발등을 찍을 필요는 없는 것이다. "죄송합니다." 이 한마디면 끝날 일을 그 이후 이 여직원은 "내가 회사를 그만두어야 되나?"라고 생각할 정도로 그 상사에게 더욱 큰 비난을 당하게 되었다. 일반적인 관계에서는 별로 크게 비난받을 일도 아닌데 상사는 아주 크게 비난을 하였다. 이때, 내가 여직원에게 과거의 지각 사건을 알려 주면서 이번에는 자기의 잘못에 대한 상사의 비난을 인정하게 하였다. 이로써 두 사람 사이가 다시 예전처럼 좋아졌다.

사랑

'사랑' 감정근육은 수치 감정에 사용되어진다. 사랑하면 떠오르는 단어는 어머니이다. 어머니의 사랑이야말로 진정한 사랑이라고 말할 수 있다. 모든 생명체가 현재 이 지구에 존재하는 이유는 자기를 낳아주고 보호해준 부모가 있기 때문이다. 부모는 자식의 생존을 위해서 온갖 보살핌을 베푼다. 이것이 진정한 사랑이다. 누가 누구를 사랑을 하고자 할 때는 이성적인 사랑이 아니라면, 이런 무조건적인 부모님의 사랑을 떠올리고, 여기에 근접하게 사랑을 하여야 한다. 자식같이 아끼고 사랑하여야 할 사람을 대하는 방법이 사랑이다. 두려운 사람을 대할 때도, 사랑을 생각하면 두려운 사람이 공포의 대상에서 사랑의 대상으로 전환이 되면서, 공포감이 없어지게 된다. 따라서 사랑이라는 단어는 두려운 사람을 친구로 만들 수 있게 해 주는 단어이다.

기독교에서는 사랑을 중요시한다. 예수는 어린 시절 목동으로 살았다. 비천한 신분이었다. 비천한 신분임에도 자기보다 잘난 많은 사람들을 사랑하면서, 오히려 그들의 사랑을 받았다. 그러므로 사랑은 강자를 대상으로 삼는 단어라고 할 수 있겠다. 수치를 불러오는 상황은 좋지 않은 상황이기 때문에 수치의 상황이 되면, 그 수치 상황에 대한 공포가 생기게 된다. 이것이 바로 예기불안이다. 예기불안은 일조의 공포이다. 예기불안을 일으키는 사람들을 공포의 대상으로 보지 말고, 사랑의 대상으로 생각하는 것이다. 그래서 '사랑'을 2번 마음속으로 외치면 두뇌는 공포의 대상이 되는 사람을 사랑의 대상으로 자동적으로 바꾸게 되는 일을 한다. 그렇기 때문에 수치가 많이 사라지게 되는 것이다.

사랑은 관심을 자기에서 타인으로 돌린다. 자기인식에서 타인인식으로 바꾼다. 사랑은 타인에 대한 인식이 필요하다. 타인이 인식이 되야 그 타인을 사랑할 수 있기 때문이다. 많은 청중은 발표자를 불안하게 만든다.

청중을 공포대상에서 사랑대상으로 바꿔라. 이때 필요한 것이 사랑이다. 사람은 누구나 자기를 사랑하는 사람, 자기를 좋아하는 사람에게 친근감을 가질 수밖에 없다. 그러므로 사랑은 다른 사람들이 자기를 좋아하게 만드는 단어이다. 즉 친교기법에도 사용된다.

― 수치

사용하여야 할 감정근육은 '버림', '포용', '시도', '사랑', '즐김'이다. 대인공포 상황에서는 우선 '버림' 단어를 떠올린다. '버림'으로 각종 대인공포 상황에서 발생하는 증상들을 무시한다. 그리고 나의 대인공포 증상에 대한 청중의 비난에 대하여 반항하지 말고 인정하고 받아들인다. 대인공포 증상에 의하여 발생할 수 있는 최악의 상황조차도 받아들이는 것이다. 그리고 '시도' 단어를 떠올리고, 그 상황에서 도망치지 말고, 노출을 감행한다. 마지막으로 청중을 공포의 대상으로 보지 말고, 사랑의 대상으로 보자. 두려워하는 사람들을 보게 되면, '사랑'을 마음속으로 외친다. 어느 정도 안정이 되면 그 상황을 즐긴다.

— 수치

사례1

필자가 아는 어떤 사람이 중소기업을 운영하였는데, 직원 중 한 사람이 결혼하게 되었다. 그런데 직원이 결혼식 주례를 이 사람에게 의뢰한 것이다. 직원 입장에서는 자기 회사의 사장에게 자기 결혼식 주례를 의뢰한 것이다. 필자는 이 사람에게 결혼식 주례를 할 때, 떨리는 상태의 마음이 될 때마다, '사랑사랑' 이렇게 '사랑'이라는 단어를 2번 마음속으로 외쳐보라고 조언을 주었다. 그 사람은 성공적으로 주례를 마칠 수 있었고, 고맙다고 필자에게 저녁 식사 대접까지 하였다. '사랑' 단어는 청중을 공포의 대상에서 사랑의 대상으로 바꾸기 때문에 떨림을 사라지게 만드는 효과를 준다.

관망

'관망' 감정근육은 분노, 미움, 멸시감으로 총 3개의 감정에 사용되어진다. 감정사분면에서 '관망' 감정근육은 적대적 약자를 상대할 때, 사용된다. 사람은 매일 대단한 착각 속에 산다. 매일 아침에 보는 태양을 떠오르는 것으로 착각하는 것을 말한다. 태양이 지구를 잡고 계속 돌리고 있다. 지구의 공전을 말한다. 지구는 공전으로 태양이 솟아 내는 햇빛의 공간 속에서 계속 머물고 있다. 지구는 공전하면서 자전한다. 자전으로 인하여 밤이 되고 낮이 된다. 햇빛은 항상 태양의 구역에서 존재한다. 그러나 자전으로 해의 반대편으로 돌아가면 지구의 그림자로 인하여 밤이 된다. 아침이 되어야 다시 해가 보이는 방향까지 지구가 자전하므로 낮이 되는 것이다. 그러나 인간은 본인이 돌고 있는 것은 모르고, 해가 떠오르는 것으로 착각하는 것이다.

분노, 미움의 감정이 들었을 때, 착각 속에 살고 있는 나와 엄청난 우주를 관망의 자세로 지켜보자. 우주에 비교하여 너무나 하찮은 내 마음속의 감정들을 쉽게 떨쳐내 버릴 수 있을 것이다.

— 분노

사용할 감정근육은 버림, 포용, 관망, 나전이다. 분노가 밀려올 때, '버림', '포용' 감정근육으로 분노를 가라앉힌 후, 객관적인 입장에서 생각해보고, 그래도 되지 않을 때, '나전'(나전달법)을 시도한다.

― 미움

사용할 감정근육은 버림, 포용, 관망, 긍정, 공감이다. 타인을 고치겠다는 욕심을 버리고, 포용하며, 객관적인 입장에서 바라본다. 그래도 안 되면, 미운 사람의 긍정적인 면을 본다.

― 멸시감

사용할 감정근육은 버림, 포용, 관망, 긍정, 공감이다. 타인을 고치겠다는 욕심을 버리고, 포용하며, 객관적인 입장에서 바라본다. 그래도 안 되면, 못난 사람의 긍정적인 면을 본다.

― 관망

사례1

지구의 둘레는 4만km이다. 빛은 1초에 30만km를 간다. 지구 둘레를 1초에 7바퀴 반을 도는 것이다. 지구에서 달까지의 거리는 대략 38만km이다. 지구둘레의 10배 거리이다. 대략 빛이 가는데 1초 정도 걸린다. 지금 현재 보고 있는 달은 지금의 달이 아닌 1초 전의 달이라고 할 수 있다. 태양과 지구와의 거리는 1억 5천만km이다. 달까지의 거리의 400배이다. 빛으로 8분 정도 걸린다. 현재 지금 보고 있는 태양은 8분 전의 태양이다. 태양에서 가장 가까운 항성은 4광년 떨어져 있다. 즉 4년 전 모습을 보고 있는 것이다. 태양과 지구 사이의 거리를 1m라고 한다면, 서울에서 강릉 정도의 거리에 있다. 지구의 지름은 대략 0.1mm이고, 태양은 1cm라고 보면 된다. 태양이 속해 있는 우리은하의 지름은 10만 광년이다. 지금 우리가 보는 우리은하 외곽의 별들은 구석기 시대의 모습을 보고 있는 것이다.

우리은하 안에는 수천억 개의 항성이 있다. 문명사회만 수백만 개 있을 것이라고 추정한다. 우리은하 바로 옆의 은하는 안드로메다은하로서 250만 광년 떨어져 있고 우리은하의 2배 정도의 별을 가지고 있다고 한다. 1억 광년 넘어서 보이는 은하들은 거미줄처럼 서로 모여 있으며, 인간이 관측 가능한 우주의 한계는 137억 광년의 거리이다. 137억 광년 우주 태초의 모습이라고 한다. 137억 광년이란 지구의 나이 46억 광년의 3배의 거리이다. 이 우주 안에는 수천억 개의 은하가 있다고 한다. 지구를 시중에서 파는 지구본의 크기(대략 지름 20cm)로 본다면, 달은 지름 5cm로 지구에서 4m 정도 떨어진 거리에 있고, 태양은 지름 20m로 지구에서 2km 정도 떨어진 거리에 있게 된다. 어떤 사람만 생각하면 밉고 화가 날 때, 어마어마한 우주속의 이렇게 작은 지구를 상상해 보라. 아주 작은 지구에서 살면서 아옹다옹 다투는 것이 너무나 하찮게 보일 것이다.

· · · ·

원원

　'원원' 감정근육은 '힘듦' 감정에 사용되어진다. 일을 처리할 때, 아무리 많은 일이 있어도 결국 지금 이 순간 내가 할 수 있는 일은 한 개밖에 없다. 모든 일을 한꺼번에 할 수는 없다. 지금 하고 있는 일을 제외하고 모든 다른 일은 책상에서 치워버리자. 즉 버리는 것이다. 그리고 지금 하고 있는 일 한 개에만 집중하는 것이다. 이렇게 한 개 한 개 하다 보면 어느 사이에 모든 일을 다한 것을 알 수 있다. 원원은 "oneone"으로 필자가 만든 말이다. 일을 한 개, 한 개 하자는 뜻이다. 우리가 잘 알고 있는 거북이와 토끼 이야기가 있다. 거북이와 토끼가 달리기 시합을 해서 토끼가 여유를 부릴 때, 거북이는 근면하게 꾸준히 걸어 먼저 결승점에 도달해 이겼다는 이야기다. 근면함이 뛰어남을 이긴다는 이야기이다. 강한 안정감을 가진 우호적 강자는 나를 배려하고 있다. 내가 비록 일을 늦게 처리하더라도 강한 인내심을 가지고 기다려 준다. 그렇다고 토끼처럼 놀면 안 된다. 우호적 강자가 적대적 강자로 돌변할 수 있다. 근면하게 거북이처럼 한 개, 한 개 꾸준히 일을 해 나가자. 어느 사이에 모든 일이 다 되어 있을 것이다.

— 힘듦

사용하여야 할 감정근육은 버림, 원원, 즐김이다. 일단 모든 처리 업무를 책상에서 치워 버린다. 그리고 가장 급하게 처리할 일과 관련된 서류만 책상에 올려놓는다. 그리고 그 일에 집중하고 하나씩 처리해 나간다. 하나하나 일을 마무리해 나가며 일을 즐긴다. 즐기다 보면, 결국 모든 일을 처리할 것이다.

— 힘듦

사례1

업무를 계획적으로 하는 필자의 업무처리 방식을 소개하고자 한다. 필자가 아파트 관리사무소 관리과장으로 일할 때의 업무 계획표이다. 업무 계획표는 총 3개이다.

연간 계획표(월별 5개년 계획표)
월간 계획표(일별 2개월치 달력계획표)
주간 계획표(일별 1주일치 계획표)

위의 3가지의 각 계획표당 표준 계획표(반복되어 생기는 표준적인 일을 정리한 계획표)를 만든다. 연간 계획표는 5개년치를 만들고, 월간 계획표는 3개월치를 만들고, 주간 계획표는 1주일치(월~토)를 만든다.

연간 계획표는 매년 12월에 6년 후의 연간계획표(2010년 12월이면, 2016년치)를 만들고, 월간 계획표는 매월 말일에 3개월 후의 월별 계획표(5월 31일이면 8월 계획표)를 만들고, 주간 계획표는 목요일에 다음 주 계획표를 만든다. 일하면서 추가로 생기는 업무들은 만들어 놓은 계획표에 볼펜으로 추가 기록한다. 퇴근 30분 전에 주간계획표를 정리하는데, 우선 당일 일정에 대한 처리 완료 여부를 기록하고, 내일 하여야 할 새로 생긴 일정들을 추가로 내일 일정에 기록한다. 그러면 다음 날 아침 바로 망설임없이 당일 할 일을 착수할 수 있다. 이렇게 계획적으로 일하면, 아무리 부담스러운 많은 일들도 한 개씩 쉽게 처리하고 즐기면서 마무리를 지을 수 있는 것이다.

배려

‘배려’ 감정근육은 사랑, 기쁨, 즐거움, 측은감, 편안함으로 총 5개의 감정에 사용되어진다. ‘배려’ 감정근육을 많이 사용할수록 인간관계는 좋아진다. 인간관계를 위한 모든 감정근육 중 ‘배려’ 감정근육이 최종적으로 키우고 활용해야 할 근육이다. 배려하면 불교의 무재7시가 있다.

① 안시: 부드러운 눈빛
② 화안시: 밝게 웃기
③ 언시: 좋은 말
④ 신시: 도와주는 행동
⑤ 심시: 따뜻한 마음
⑥ 좌시: 자리 내어 주기
⑦ 찰시: 미리 헤아려 주기

— 사랑

사용할 감정근육은 버림, 포용, 능동, 배려, 칭찬이다. 사랑하는 사람을 만나면, 받아내려는 욕심을 버리고, 순수한 마음으로, 그 사람이 원하는 것을 찾아 능동적으로 배려하라.

— 기쁨

사용할 감정근육은 능동, 배려, 칭찬이다. 내가 기쁠 때, 반면 다른 사람은 슬플 경우가 있다. 기쁨의 감정을 억누르고, 오히려 상대방에게 그 공덕을 넘겨 상대방을 칭찬하자.

— 즐거움

사용할 감정근육은 능동, 배려, 시도이다. 내가 즐거울 때, 다른 사람은 외로울 수가 있다. '전친'의 시도로 그 사람에게 가까이 다가간다.

— 측은감

사용할 감정근육은 능동, 배려, 감사이다. 불쌍한 사람을 보면 우선 능동적으로 도와주는 배려를 한다. 그리고 도와주는 나의 부유함에 감사한다.

— 편안함

사용할 감정근육은 능동, 배려, 즐김이다. 능동적으로 배려하고, 배려하는 것을 즐긴다.

— 측은감

사례1

예전에 가게를 운영하면서 알고 있었던 지인이 있었다. 그는 경쟁 가게의 사장이었다. 그러던 그가 시장이 안 좋아지면서 힘들게 살아왔다. 성격이 새로운 일을 적극적으로 찾아서 하는 사람이 아니다 보니, 어려운 사업을 계속 붙잡고 있다가, 결국 동업자에게 가게를 넘기고, 자기는 직원으로 일하게 되었다. 그러다가 그 가게가 경영이 어려워지자, 그마저도 못하게 되었다. 그 와

중에 아내와 이혼하고 딸과 어디선가 나오는 매월 50만 원의 돈으로만 살고 있었다. 한 집에서 다 큰딸과 둘이서 50만 원으로 생활한다는 것이 얼마나 힘들 것인가? 딸도 본인도 집 밖에는 나가지 않고 아무 일도 하지 않고 지내고 있었다. 그러던 어느 날, 내가 다니는 아파트 관리사무소 직원이 나가게 되었다. 나는 그 사람에게 전화하였다. 혹시 같이 일할 수 있느냐고 물었다. 그는 흔쾌히 하겠다고 동의하였다. 그래서 같이 일하게 되었고, 나는 그 아파트 관리사무소를 나와 다른 아파트의 관리소장으로 갔는데도 그는 계속 거기에서 일하였다.

어느 날 전화를 하니, 그는 그 아파트 관리사무소를 1년을 채우고 나와, 다른 아파트 관리사무소로 직장을 옮겨 일하고 있었다. 나는 너무나 기분이 좋았다. 단순히 직장을 만들어 준 것을 넘어서서, 그가 스스로 직장을 들어갈 수 있는 능력을 갖게 만들어 준 계기를 내가 제공한 것이다. 고기를 주는 것이 아니라 고기를 잡는 방법을 가르쳐 주는 것이 진정한 남을 위한 배려이다.

Chapter 09
대인공포

····

 인간은 감정의 동물이지만 그렇다고 감정의 노예가 되면 실패한다. 대인공포는 감정 중에서 '공포'와 '수치'의 감정의 합작품이다. '공포'와 '수치' 중에서 '수치'가 더 비중이 크다. '수치'를 없애는 것에 치중하여야 한다. '수치'는 사람의 여러 감정 중에서 그중 하나이다. 대인공포란 다른 사람들과 함께 있을 때, 극도의 긴장과 불안에 빠져 두려움을 느끼는 증상이다. 예를 들면 혹시 타인에게 불쾌감을 주는 것이나 아닐까, 경멸당하고 있지는 않나 두려워하는 것이다. 세부적으로 증상에 따라 적면공포, 시선공포, 표정공포, 무대공포 등 다양한 형태의 공포로 분류된다. 대인공포를 더 구체적으로 설명하면, 대인공포란 사람들 앞에 섰을 때 공포 또는 불안에 의한 다양한 자율 신경 반응들을 수치스러워하여 그 수치가 다시 동일한 또는 다른 자율 신경 반응을 더욱 강하게 불러와 악순환을 일으킴으로써, 정상적인 사회생활에 부정적인 영향을 끼치는 증상이다. 다양한 불안한 증세들(적면, 표정이 굳음, 웃지 못함, 얼굴 근육이 떨림, 심장이 요동침, 손이 떨림, 표정이 부자연스러움, 목소리가 떨림 등등)을 보통 사람들은 아무렇지도 않게 생각하나, 대인공포를 가진 사람들은 그것을 증세에 따라, 극도로 수치스럽게 여기기 때문에, 그러한 증세들에 대하여 상당히 신경을 쓰게 된다. 따라서 보통사람들은 발표나 대화, 상대방에 대한 배려, 지금 하고자 하는 말에 대하여만 신경쓰면서, 대인관계를 한다. 그래서 대인관계가 부드럽게 잘 이어진다. 그러나 대인공포 환자들은 엉뚱하게, 본인의 증상들을 신경쓰면서 대인관계를 하기 때문에 보통사람보다 힘을 써야 될 부분이 더 많아져, 대인관계에서 뒤처질 수밖에 없다.

● ● ● ●
증상

　대인공포 증상들은 청개구리 특성을 가졌다. "떨지 말아야지", "얼굴이 빨개지지 말아야지" 라고 생각하면 할수록 오히려 더욱더 떨리고, 얼굴이 더욱더 붉어지게 된다. 그 증상에 따라 여러 가지가 있는데 보통 대부분의 환자들이 여러 개를 동시에 가지게 되는 경우가 많다. 다음은 다양한 대인공포증 증상들이다.

— 떨림 공포
　얼굴 근육, 손등이 떨리는 것에 대한 공포증이다.

— 표정 공포
　표정이 어색해지는 것에 대한 공포증이다.

— 사람 공포
　직장에서 높은 상사나 잘 보여야 되는 사람 앞에서 떨리는 공포이다.

— 공중변소 공포
　공중변소에서 남이 옆에 있을 때, 소변을 보지 못하는 공포이다.

— 낭독 공포

남들 앞에서 책을 읽거나, 많은 사람이 듣는 방송에서 방송대본을 보고 방송하는 것에 대한 공포이다.

— 적면 공포

남의 앞에 나서면 얼굴이 붉어지는 것에 두려움이다. 사람들 앞에서 얼굴이 빨개지는 것과 떨리고, 긴장이 되는 것을 수치스럽게 생각하는 사람이 적면공포증에 걸리게 된다. 이들은 큰 안경으로 자기의 얼굴을 가리려고 하고, 또는 짙은 화장으로 가리기도 하며, 햇빛에 얼굴을 태워 검은 얼굴로 만들려고도 한다. 회식장소에 가서는 술을 많이 먹어 술 취한 빨간 얼굴이 되도록 하기도 한다. 가능하면 자기의 얼굴을 보이지 않으려고 모자를 깊이 눌러 쓰는 경우도 있다. 학생의 경우는 교실에서 가능하면 뒷자리에 앉아 자신의 모습이 보이지 않게 하려고 한다.

— 시선 공포

다른 사람의 눈을 똑바로 쳐다보지 못한다. 무대에서 청중의 눈을 보지 못하고 바닥이나, 천장, 벽 등을 바라보고 발표한다. 대화할 때에도 사람의 눈을 마주 보지 못하고 다른 곳을 보고 대화한다.

· · · ·

원인

대인공포의 대표적인 원인은 4가지로서 불안, 자기 인식, 수치 및 경멸, 순환 고리이다.

— 불안

사람은 불안이 오게 되면 자동적으로 자기방어 본능이 생겨 모든 기관을 공격, 또는 도주를 위한 상태로 바꾸게 된다. 이러한 상태가 대인공포의 다양한 증상을 만들어 내게 되는 것으로 절대 수치스럽게 생각할 필요가 없는 지극히 자연스러운 증상인 것이다. 다음은 〈KBS 뉴스의 기자칼럼〉에서 떠온 글이다.

불안은 인간을 위험으로부터 보호하기 위한 적응적인 감정이다. 마치 통증이 없으면 신체에 가해진 위협을 감지할 수 없어 위험에 빠지는 것처럼 불안이 없으면 생존 자체에 큰 타격을 입게 된다. 약육강식의 원리가 지배하던 원시시대에 인간의 생존 조건은 매우 열악했다. 온갖 맹수와 갖가지 위험 요소가 도사리고 있었던 만큼 불안반응이 약한 자는 살아남을 수가 없었다. 우리 선조들은 불안이라는 위험 신호가 감지되면 재빨리 도피를 해 생존을 이어갈 수 있었던 것이다. 때문에 지금 인류는 불안이라는 위험 신호를 매우 잘 감지했던, 다시 말하면 사소한 위험신호에도 불안에 떨었던 종족들의 후

예이다. 불안을 잘 감지하지 못했던 겁 없던 종족들은 자연선택으로 도태돼 유전자를 이어갈 수 없었을 것이다. 생존에 필수적인 만큼 인간의 불안 반응은 매우 격렬하다. 심장이 뛰고 식은땀이 나는 것은 물론 엄청난 공포감을 유발하기도 한다. 이런 불안 특성은 현대인의 유전자에도 각인돼 있다. 이젠 자연에 맞설 수 있는 힘이 생긴 만큼 무조건 도망갈 필요는 없지만, 생존에 필수불가결한 요소였기에 불안은 여전히 인간의 중요한 감정이다. 하지만, 원시시대와 같은 자연의 위협은 사라진 만큼 이젠 사회적 위협이 더 큰 불안의 요소이다. 사회적으로 망신을 당하거나 실력 없다고 평가받거나 놀림당하는 것 같은 사회적 위협이 현대인들에게 강한 불안 반응을 일으키는 것이다.

― 자기 인식

고릴라에게게 거울을 보여주면, 자기 얼굴을 한 번도 보지 못했기 때문에, 거울 속의 자기 자신을 적으로 보고 폭력적이 되어 거울을 친다. 이렇게 머리가 나쁜 짐승들은 자기 자신을 인식하지 못한다. 대인공포란 자기의 모습에 대하여 타인이 어떻게 생각할까를 두려워하는 것인데, 고릴라는 자기 모습 자체를 모르기 때문에 타 고릴라가 자기의 모습에 대하여 어떻게 생각할까도 생각하지 않는다. 당연히 이런 하등동물에게는 대인공포가 없다. 그러나 침팬지는 거울 앞에서 한참 자기 모습을 보기도 하고, 얼굴 근육을 움직이기도 한다. 침팬지는 자기 인식 능력이 있는 것이다. 그런데 대인공포는 4가지 원인 모두가 충족되어야 발생된다. '자기인식' 능력 1개만 가지고는 대인공포가 생기지 않는다. 그러므로 침팬지에게 대인공포가 있다고 말할 수는 없다. 인간은 자기인식 능력이 당연히 있다. 그러나 자율신경 반응을 통제할 능력은 없다. 자율신경반응은 글자 그대로 자율신경이기 때문에 이성으로 통제가 불가하다. 대공 환자들은 이 통제되지 않는 것을 통제하려고 애쓰는데 문제가 생기는 것이다. 신경 반응들을 통제하여 증상이 나타나지 않게 하고 싶은데, 그럴 수 없다는 것은 너무나 큰 공포이며, 좌절로 다시 다가오게 된다. 이것이 대인공포를 유발하게 되는 원인이다.

─ 수치

수치는 내가 다른 사람에게 경멸의 대상이 되었을 때, 발생된다. 경멸의 대상이 되는 상황은 보통 사회규범에 벗어나는 행동들이 원인이된다. 그러므로 이러한 행동을 자제하게 되어, 정상적 수치는 사회생활에 도움이 되는 감정이다. 대인공포 환자는 증상이 자기에게 나타났을때, 그것을 엄청나게 수치스러워한다. 비정상적 수치이다. 그에 반하여남에게 나타났을 때는 그 사람을 경멸한다. 그 이후, 동일한 상황에 따른 수치스러운 증상이 예상되어질 때, 그것을 두려워하게 된다. 비정상적 수치는 나에게 증상이 나타났을 때, 증상에 대하여 비난받은 경험이 원인이 되어 발생된다. 또는 다른 사람들의 증상을 보고 평소 경멸하고 있다가 정작 자기 자신에게 나타나는 경험이 원인이 되기도 한다. 이런 경험들이 비정상적 수치를 만드는 것이다. 정상적인 수치는 인간관계에 도움이 되지만, 이러한 비정상적 수치는 인간관계를 어렵게 만든다.

─ 순환 고리

다음은 대인공포증이 발생되는 과정이다.
    ① 두려운 상황이 발생
    ② 상황 자체에 대한 공포가 발생
    ③ 적면, 떨림 등 다양한 자율 증상이 나타남

④ 나타난 자율증상을 수치스럽다고 생각

⑤ 두려운 상황이 다시 발생

⑥ 상황 자체에 대한 공포가 발생

⑦ 또다시 수치스러운 이 증상이 나타날 것에 대한 공포가 추가됨

⑧ 적면, 떨림 등 다양한 자율 증상이 더 크게 나타남 (증폭됨)

⑨ 나타난 자율증상을 더욱더 수치스럽다고 생각 (증폭됨)

아래는 상기 과정을 그래프로 만든 것이다.

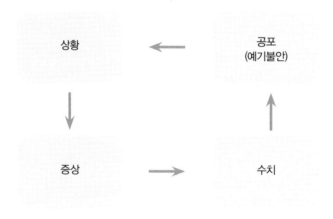

상기 순환 과정이 반복되면서, 대인공포 증상은 더욱더 커진다. 이 과정은 컴퓨터 프로그램에서 리커시브란 함수와 같다. 리커시브 함수는 자기함수가 자기함수를 다시 불러 프로그램을 순환 실행하는 함수이다. 이러한 프로그램에서는 중간에 조건을 넣어 그 조건에 맞을 때, 브레이크를 걸어 이 순환을 빠져나오게 해야 한다. 그렇지 않으면, 무한대의 순환 실행에 걸려 컴퓨터가 다른 일을 하지 못하고 다운되고 만다. 즉, 다시 컴퓨터를 껐다 켜야 하는 일이 발생하는 것이다. 컴퓨터 게임에서 흔히 말하는 렉 걸림이 발생되는 것이다. 대인공포증도 마찬

가지 원리이다. 리커시브 함수처럼 순환 고리가 발생되면 대인공포증에
걸려 인간관계가 다운되는 것이다.

치료

대인공포는 병의 원인인 수치를 없애야 극복이 되는 것이다. 모든 병의 근원은 현상보다 원인을 없애야 재발이 안 되고, 근본적으로 치료가 되는 것이다. 신경정신과 병원에서 처방하는 약은 단지 현상만 치료할 뿐이다. 대인공포가 극복하기가 어려운 이유는 바로 모든 치료 노력이 증상의 제거에 있기 때문이다. 증상은 단순히 병으로 인한 결과물에 불과하며 이 결과물을 아무리 없애도, 원인이 제거되지 않고서는, 결과물은 다시 나타나게 된다.

증상의 제거라는 잘못된 목표 때문에, 틀린 방향으로 에너지가 잘못 쓰이고 있는 것이다. 이성이 대인공포증 증상인 자율신경반응을 직접 통제하려고 하는 것은 인간의 신경시스템 작동 메커니즘상 어려운 일이며, 원인 제거 없이 결과물만 제거하려는 헛된 노력이다.

'증상 제거' 또는 '증상 숨기기'에만 목표를 둔 헛된 노력들을 예로 들어 본다.

① 신경안정제, 대인공포 치료제를 먹는다.
② 술을 마신다.
③ 모자를 눌러 쓰거나, 얼굴을 많이 가리는 큰 안경을 써서 얼굴을 가린다.

④ 진한 화장을 하거나, 얼굴을 태운다.

⑤ 항상 남의 뒤에 선다.

⑥ 발표연습은 많이 하나, 증상 제거에만 목표를 두고, 증상이 나타
   나면 괴로워한다.

위의 노력들은 아무리 많이 해도, 대인공포 치료에 도움이 안 된다.
대인 공포를 치료하기 위해서는 다음 것들이 필요하다.

① 생각 바꿈

② 순환 고리 끊기

③ 청개구리 특성 활용

④ 발표 훈련

⑤ 시선 처리

⑥ 감정근육 활용

— 생각 바꿈

자율신경반응은 감정에 의하여 자동으로 이루어지는 반응이다. 이
성이 직접 자율신경반응을 통제할 수 없다. 그러므로 자율신경반응을
통제하기 위해서는 감정을 통제하여야 한다. 이성으로 감정을 통제한
다. 자율신경반응이 감정의 통제를 받는 신경시스템은 자연도태론이나
진화론에 따라 인간이 현재까지 지구상에 살아남은 이유 중 하나로서
우수한 시스템이다. 따라서 이 시스템을 바꾸려고 하는 어리석은 짓을
하면 안 된다. 자율신경반응을 직접 통제하려고 하지 말라. 어차피 할
수도 없다. 그 대신에 이성으로 감정을 통제하라. 그러면 통제받은 그
감정이 자율신경을 우리가 원하는 방향으로 통제할 것이다. 즉, 순리를
따르는 것이다. 세상에는 두 가지 부류의 사람이 있다. 자기의 모습 등

자기자신을 객관화시켜 생각할 수 있는 사람과 없는 사람이다. 지능이 모자라는 정신지체장애인 같은 자기 자신의 객관화 능력이 모자라는 사람은 당연히 상대방이 자기를 어떻게 볼까도 생각할 수 없기 때문에 대인공포에 걸리지 않는다.

그런데 자기 자신을 객관화시킬 수 있는 사람도 2부류로 다시 나눌 수 있다. 자기의 자율신경반응(적면, 손떨림, 표정굳어짐, 목소리떨림 등등)을 수치스럽게 생각하는 사람과 자연스럽게 생각하는 사람으로 나누어진다. 대인공포 환자와 일반인의 마음가짐 자세의 차이가 바로 여기에 있다. 일반인은 사람들 앞에 섰을 때, 떨림에 의한 다양한 현상(적면, 표정굳어짐, 표정떨림, 시선불안)을 자연스럽게 받아들이는데, 대인공포 환자는 그러한 현상이 자기에게 나타났을 때, 그것을 엄청나게 수치스러워한다.

발표를 잘하고, 많은 사람 앞에서 자연스럽게 이야기를 잘하고, 수많은 군중 앞에서 연설을 잘하는 사람들은 그들의 발표력과 지도력 등이 뛰어나다고 보통 말한다. 활발한 성격에 많은 연습으로 발표력 등의 힘이 세졌다고 말할 수 있다. 헬스클럽에서 열심히 운동하면 몸의 근육이 우람해지면서 육체적 힘이 세지듯이, 이들 두뇌 속의 정신의 힘인 발표력이 세지는 것이다.

그러나 대인공포로 고생하고 있는 사람들의 경우는 다르다. 이들에게 당장 필요한 것은 발표력 등의 정신의 힘을 키우는 것이 아니다. 이들에게는 병이 있다. 암과 같은 병이 있다. 이 정신적 암을 제거하는 것이 우선적으로 필요하다. 이 암의 제거 없이 그다음 단계에서 진행하여야 할 발표력을 키우는 것은 의미가 없다. 즉 모래 위에 성을 쌓는 것과 같은 것이다.

그렇다면, 이 정신적 암은 무엇인가? 그것은 바로 대인공포의 여러 증상들이 나왔을 때, 이것을 수치스럽다고 생각하는 생각 바로 이 잘못된 가치관인 것이다. 이 잘못된 가치관을 바로 잡아야 그다음 발표력을 키우는 것이 의미가 있는 것이다. 이 가치관을 그대로 두고, 발표력만 키우려고 하면, 언제든 발표력은 다시 빵점이 될 수가 있다. 너무나 오랫동안 수치라고 생각하여 머릿속에 각인된 상태이기 때문이다. 대인공포증 치료의 시작점은 '대인공포증 증상은 수치가 아니다'라고 생각을 바꾸는 것이다.

― 순환 고리 끊기

스피치 학원 등에서 발표 연습을 열심히 다닐 때는 공포가 많아 사라지게 되어, 그 시기에는 증상이 많이 호전되기도 한다. 그러나 한동안 스피치 학원을 다니지 않으면, 다시 증상은 생겨나게 된다. 그것은 병의 근본적인 원인인 수치라는 가치관이 없어지지 않았기 때문이다. 현상은 절대 없앨 수도 없고, 없애서도 안 된다. 대공은 원숭이와 같이 저지능지수의 동물에게는 없고, 자아를 인식할 능력을 갖춘 만물의 영장인 인간만이 가지고 있는 특성이라 자랑스럽게 생각하여야 하며, 오히려 몸이 건강하다는 증거이다. 그래서 대인공포 극복의 처음이자 마지막 모든 것의 방향은 바로 이 자율신경반응에 대한 수치를 없애는 것에 집중되어야 한다.

대공을 10년, 20년, 30년 또는 죽을 때까지 가지고 가는 사람들을 보면, 그 이유는 단 한 가지이다. 절대 없앨 수 없는 증상에 초점을 두고 그 증상을 없애는 데 총력을 기울이는 헛된 노력을 하기 때문이다. 그러다 보면, 컨디션에 따라 증상은 나타나기도 하고, 안 나타나기도 한다. 즉 좋아졌다가 다시 나빠지기를 반복하는 것이다. 대인공포는 순환 고리에 의하여 형성되는 것이기 때문에, 순환 고리를 끊으면 된다. 고리의 요소 '상황', '증상', '수치', '예기불안' 4개 중에서 할 수 있는 것은 수치를 버리는 것이다. '증상은 수치다'에서 '증상은 수치가 아니다'라고 생각을 바꾸는 것이다. 수치를 버리고 발생되는 최악의 상황을 받아들이는 것이다. 그런데 수치를 없애는 것이 그렇게 간단하게 쉽게 되지 않는다. 수치는 단시간 내에 없어지는 것이 아니다. 그 이유는 대인공포 환자들의 이 수치는 기나긴 기간 동안 무의식화되어 있기 때문이다. 그러면 어떻게 하여야 이 수치를 없앨 수 있을까? 그것은 바로 증상들을 이끌어 내고, 그것이 수치가 아니다라는 생각을 자주 반복하는 수밖에 없다. 그래서 수치가 아닌 것이 확인되면, 그 증상이 나타나는 것에 대한 두려움이 생기지 않게 되고, 이 두려움에 의하여 생겨나는 자율신경반응은 자동으로 없어지게 되는 것이다. "열 번 찍어 안 넘어가는 나무 없다"는 말처럼 자주 반복하여야 무의식 속에 웅크리고 버티고 있던 근본적 대공 원인인 수치가 흔들리게 되어 결국 제거되는 것이다. 대인공포는 선천적인 문제가 아니라, 사회화 과정에서 학습된 반응으로, 잘못된 생각이 반복적으로 학습되고, 습관화되어 생기는 증상이다.

학습에 의하여 생긴 병은 역으로 학습을 통해 없앨 수도 있다. 다음은 생각을 바꾸어 순환 고리를 끊는 일련의 학습과정이다.

① 우선 잘못된 생각을 바꾼다. 즉 제거 대상을 증상에서 수치로 바꾼다.
② 대공 상황을 스스로 만들어 증상을 이끌어 낸다.
③ '증상은 수치가 아니다'라고 생각하며, 그 상황을 즐긴다.
④ 상황이 종료된 후, 증상에 대하여 평가하지 말고, 행동과 마음에 대하여만 평가한다.
⑤ 적극적인 부분에 대해서 '잘했다'고 자기 자신을 칭찬한다.

― 청개구리 특성 활용

대인공포는 적면공포, 표정공포, 시선공포 등 많은 증상들이 있는데, 모든 증상이 인간의 이성으로는 제어가 안 되는 자율신경 증상들이다. 긴장하면 떨리고, 수줍으면 얼굴이 빨개지고, 모든 증상은 자연스러우며, 아주 건강하며, 지극히 정상적인 신체 상태를 말해주는 것이다.

이것 자체를 숨기려고 하는 것은 잘못된 행동이며, 숨길 수도 없는 자율신경 부분이다. 물론 술, 약 등의 도움으로 어느 정도 자율신경을 통제할 수 있는 단계는 왔다. 그러나 이렇게 외부 도움에 의지하여 통제하기 시작하면, 외부 도움이 없을 때는, 더욱더 무기력해지고, 스스로 치유할 수 있는 능력은 점점 사라지게 된다. 그 증상만을 없애려고 신경정신과에서 주는 약을 먹고, 자율 신경을 통제하여 안정이 되었을 때, 그 힘으로 대인공포 증상이 생기는 어려웠던 상황을 대처하게 되면, 약의 의존성이 점점 커지게 된다. 사람이 뜨거운 물에 손을 담그면, 뜨거움을 느끼게 되어 보호하기 위하여 그 뜨거운 물에서 손을 빨리 빼내게 되듯이, 자율신경들은 우리의 몸을 보호해주는 역할을 한다. 그런데 우리의 몸에 꼭 필요한 자율신경들을 약에 의하여 그 기능을 약하게 또는 잠시 멈추게 만드는 것을 자주 반복하면, 결코 우리의 몸에 좋지 않다. 대인공포로 인하여 발생되는 증상들은 모두 우리의 몸에 필요한 자율신경의 작동이다. 대인공포를 극복한 사람이나, 원래 대인공포가 없었던 사람들도 그러한 증상들은 모두 가지고 있다. 따라서 그 증상들은 숨기려고 할 필요도 없고, 그래서도 안 된다. 대인공포를 앓고 있는 사람들은 그 정상적인 증상이며 결코 없앨 수 없는 증상을 없애려고 하니까, 당연히 그 불안감은 점점 더 커질 수밖에 없는 것이다. 대인공포 증상들은 자율신경의 지배하에 있어 사람의 의지로 통제할 수가 없다. 그런데 대인공포를 앓고 있는 사람들은 어리석게도 이 증상을 없애려고 애쓴다. 약이나 술은 자율신경에 영향을 줄 수 있기 때문에 대인공포증상을 잠시 약효가 있는 시간 동안만 감소시킬 수는 있다. 약이나 술은 복용하면 할수록 내성이 커지기 때문에, 복용할 때마다 예전보다 더 많은 양을 복용하여야 한다. 점점 더 병은 커지게 된다. 대인공포 증상들은 청개구리 특성을 가졌다. 대중 앞에서 발표 시, 얼굴이 빨개지지 않으려면, 오히려 반대로 '얼굴아 빨개져라.'라고 마음속으로 외쳐라. 대인공포증은 청개구리특성을 가졌으므로, 반대로 얼굴이 빨개지지 않게 된다

― 시선 처리

대인공포증에서 시선처리는 상당히 중요하다. 가까이에서 마주 보고 대화를 할 때는 한쪽 눈을 보는 것도 좋다. 가끔 다른 쪽 눈으로 바꿔 보라. 여러 명과 대화할 때는 골고루 한 사람, 한 사람 번갈아 봐라. 보지 않는 사람은 무시당하는 기분이 들으므로 골고루 쳐다보는 것이 좋다. 무대에서 많은 사람 앞에서 발표할 때, 청중의 눈을 보지 않고, 천정이나 바닥 또는 멀리 떨어진 벽을 보는 사람들이 있다. 잘못된 시선처리이다. 시선은 청중의 눈을 보되, 편하게 웃고 있는 사람이나 나의 이야기를 잘 들어주는 사람의 눈을 보도록 한다.

― 감정근육 활용

감정사분면에서 '치' 감정의 감정근육은 버림, 포용, 시도, 사랑, 즐김이다. 이 5개의 감정근육을 활용하라. 자신감에는 내적자신감과 외적자신감이 있다. 내적자신감이 커져야 대인공포를 치료할 수 있다. 내적자신감은 다른 말로 자존감이라고 할 수 있다. '버림', '포용' 감정근육을 키우면 자존감이 커진다. 대인공포를 치료하려면, 상기 5개의 감정

근육 중에서 우선 '버림', '포용' 감정근육을 키워라.

— 버림
체면뿐만 아니라, 내가 가진 모든 것을 버리겠다는 각오를 한다.

— 포용
비난뿐만 아니라, 이후 벌어질 최악의 상황도 포용할 각오를 한다. 대인공포가 있는 사람이 평소 무의식적으로 반복적으로 생각하여야 하는 단어 또한 '포용'이다. 본인의 여러 대인공포의 증상들에 대하여 '포용'하자. 대인공포로 인하여 나타나는 증상들에 대하여 남들이 비난하였을 때, 그 증상들은 고칠 수가 없다. 친구들끼리의 농담이다.

"야 너는 왜? 그렇게 양심이 없니?"

"응, 나 원래 양심 없어!"

양심이 없다고 비난하였던 친구는 어이가 없어 더 이상 말을 이어서 할 것이 없다. 싸움이 되지 않는다. 대인공포 증상도 마찬가지이다. 누가 그 증상을 비난하여도 나 자신만은 나 스스로를 감싸주고, 포용하자. 포용하면 더 이상 신경 쓸 필요가 없다. 팔다리가 없는 결점을 포용하고 유명한 연설가가 된 닉부이치치, 타고 있는 차량 화재로 인한 화상으로 얼굴이 추하게 되었으나, 감사하게 지내며 결점을 포용한 여인, 루게릭병에 걸렸지만 그 결점을 포용하고 유명한 천체물리학자가 된 스티븐 호킹 박사. 이들은 모두 결점을 포용하고 극복한 사람들이다. 아무리 사랑을 외쳐도, 불안증세로 인한 대인공포 증상들은 나타날 것이다.

이 증상들이 수치스러워 괴로워한다면, 이 괴로움은 결코 극복되지 않을 것이다. 사랑은 그 증상을 다소 줄일 수 있지만 완전히 없앨 수는 없다. 안 되는 것은 포기하는 것이다. 증상을 완전히 없애려고 하는 것은 이룰 수 없는 욕심이다. 이 욕심을 버려야 한다.

대인공포 증상으로 나타나는 현상으로는 주로 얼굴이 빨개지거나, 손이 떨리고, 얼굴 근육이 떨리고, 땀이 나는 것이다. 이 모든 증상들은 감정에 의하여 나오는 어쩔 수 없는 것들이다. 키 작은 사람이 키 작은 것을 포용하듯이 이것 또한 포용하여야 한다. 이성으로 제어를 할 수 없는 증상들이기 때문이다. 내가 제어를 할 수 없는 것을 제어하려고 하니까 당연히 제어가 안 된다. 제어가 안 되니까 더욱 불안해진다. 컴퓨터시스템으로 말하면 오류 현상에 해당한다. 이상한 화면이 나오든지, "렉 걸렸네~"라고 말하는 컴퓨터 현상이다. 오류는 고쳐야 한다. 이 오류의 원인은 증상을 고치려고 하는 마음이다. 증상을 제어하려고 하는 것을 하지 말아야 한다. 제어의 노력을 내려놓는다. 잡고 있는 끈을 놓는다. 증상이 나오든 말든 신경을 쓰지 않는 것이다. 증상을 고치려고 하는 마음을 버린다. 나의 허물에 대한 수치는 사랑으로 극복하고, 타인의 허물에 대한 멸시는 포용으로 극복한다. 즉, 타인을 멸시할 때에 이 멸시의 감정을 떨치는 단어는 포용이다. 본인을 타인으로 객관화시킨다. 이 객관화된 본인에 대한 멸시의 감정을 지울 수 있는 단어 또한 포용이다. 사랑은 증상이 나오기 전에 그 증상을 다소 덜 나오게 하는 목적이지만, 포용은 증상이 나온 이후에 그 증상을 받아들이는 것이 목적이다. 사랑은 예방의 기능이고, 포용은 치료의 기능이다. 수치의 극복을 위하여 진정으로 이겨야 할 상대는 바로 감정이다. 이 감정을 정복하면 포용은 자동적으로 이루어진다.

― 시도

노출을 시도하라. 대인공포, 시선공포, 적면공포, 연단공포 등에 대처하는 방법에는 두 가지가 있다. 첫째는 대중 앞에 나서는 것을 피하면서 살아가는 소극적인 방법이고 둘째는 공포를 느끼는 대상과 정면으로 부딪쳐 이겨내는 적극적인 방법이다. 그런데 대중 앞에서 발표하는 것이 두려워 피하는 소극적 방법은 피하면 피하는 그 순간만 불안한 것이 아니라 평생 고통당하면서 살아가게 된다. 대인공포는 피하고 숨기고 안 그러려고 하면 절대 못 고친다. 말하기도 전에 먼저 남이 나를 어떻게 생각할까? 만약 얼굴이 붉어지면? 만약 떨리면? 만약 아는 사람이라도 만나면? 만약? 만약? 만약? 약간의 실수도 수용하지 못하고 자신의 약점과 결점에만 집착하고 있으면, 지금 생활에서 벗어날 수가 없다. 그렇다면 어떻게 하여야 하는가? 해답은 간단하다. 당당하게 노출하면 된다. 그리고 자주 한다.

— 사랑

내가 지금 두려워 하고 있는 내 앞의 사람들을 공포의 대상이 아닌, 사랑의 대상으로 다시 본다.

— 즐김

상황에서 도망치지 말고, 현재 진행되고 있는 상황을 즐긴다.

— 청개구리 특성

사례1

유머이면서도 그 내용이 실제로 실현되어, 자율신경을 원하는 대로 작동시키는 예를 들어 본다. 부부간의 성생활이 좋지 않은 한 부부가 있었다. 어느 날 부부는 성생활을 다시 좋게 할 수 없는지 알아보기 위하여 병원을 찾았다. 의사는 약은 처방해주지 않고 치료 비법을 남편에게만 알려 주었다. 그 날 이후,

약을 먹지도 않았는데 마법과 같이 남편이 신혼시절처럼 밤일을 잘하는 것이었다. 그런데 어느 날 부부관계를 하던 중, 아내는 만족을 하지도 않았는데, 남편이 일어나 화장실로 가는 것이었다. 아내가 한참을 기다려도 화장실에서 남편은 나오지를 않았다. 아내는 궁금하여 화장실에 귀를 갖다 대었다. 화장실 안에서 남편이 중얼거리는 소리가 들렸다. 자세히 들어 보니, 한 말을 계속 반복하여 외우는 것이었다. 그것은 무엇일까? 그것은 바로 "저 여자는 내 마누라가 아니다."이다.

우리나라에서는 요즘 불륜이 대중화된 상태까지 왔다. 몇 명에 한 명꼴로 배우자가 바람을 피운다고 한다. 이것은 남자나 여자나 인간은 동물로서, 다윈의 진화론상, 새로운 이성이나 젊고 건강한 이성에게 당연히 마음이 끌리기 때문이다. 그래서 매일 보는 자기 부인보다 더욱 남의 부인에게 마음이 끌리게 되는 것이다. 인간이 만들어낸 사회의 관습이나 법률은 남의 부인과는 성관계를 가질 수가 없게 한다. 인간은 청개구리 같은 습성이 있다. 못하게 하면 오히려 하고 싶고, 가지지 못하게 하면 더욱 갖고 싶다. 이것이 불륜을 만들어 내는 것이다. 그래서 자율신경반응인 발기 현상을 만들어 내기에는 식상한 부인보다, 남의 부인이 더욱 효과를 내게 되는 것이다.

만약 발기 현상에만 신경을 쓰고, 발기하려고 할수록 발기는 오히려 더 안 된다. 이성으로 직접 자율신경을 통제할 수가 없기 때문이다. 오히려 자율신경을 통제하는 감정을 더욱 불안하게 만들어 오히려 자율신경반응이 반대로 일어나게 되기 때문이다. 발기 상태는 잊어버리고, 발기를 촉발시키는 감정을 만들어야 한다. 이 요령이 유머의 내용대로 자기의 부인이 남의 부인이라고 생각하는 것이다. 즉 생각을 바꿈으로 감정이 바뀌고, 감정이 자율신경작용을 원하는 대로 만들어 내는 것이다.

─ 발표 훈련

사례2 대인공포환자들의 공통점은 발표할 기회를 부여받아도, 스스로 못한다며 거부하기 때문에 대인공포치료의 황금기 회를 놓치고 있는 것이다. 발표할 수 있는 모든 기회를 낚 아채라. 무조건 발표를 많이 하는 것이 대중공포를 극복하는 최고의 처방이다. 만약, 도저히 직접 뛰어들 용기가 나지 않을 때는 거울을 보 며 혼자 연습하라. 거울에 비친 자신을 상대처럼 생각하며 큰 소리로 이야기 하는 것이다. 자꾸 연습하면 자연스럽게 말을 할 수 있게 된다. 이렇게 연습하여 자신감이 붙으면 한두 사람을 대상으로 하는 쉬운 발 표부터 시작하여, 다수의 청중을 대상으로 하는 발표까지 서서히 강도 를 높여가면 된다. 한 번에 대중공포를 없애겠다는 욕심을 버리고 차 분히 제대로 된 방법으로 발표 훈련하여야 효과가 좋다. 제대로 된 방 법이란 우선 청중수에서는 1:1, 1:2, 1:4… 차츰 발표 상대의 수를 늘려 야 하고, 내용면에서는 연설, 이야기, 노래, 춤, 연극, 개그 등등 차츰 그 강도를 올려야 하며, 장소적인 측면에서는 실내(학원, 사무실, 커피숍) 부터 실외(도로, 운동장, 역전광장, 산)까지 차츰 사람이 많은 곳으로 변경 하며 다양한 곳에서 발표 훈련하여야 한다. 발표연습을 많이 하여 자 신감을 키운 후, 피하려고 하는 그 상황이 이루어지면 절대로 피하지 말고 부딪치는 것이다. 무엇이든 배우지 않고 잘하는 경우는 없다. 평 범한 이 진리가 발표에도 그대로 적용된다.

연습은 발표현장에서 승리할 수 있는 최신의 무기를 장만하는 것이 다. 연습 중에서도 뛰어난 학습법은 직접 뛰어들어 부딪히며 배우는 실 전연습이다. 발표 훈련을 많이 한다고, 대인공포가 없어지는 것은 아니 다. 발표 훈련은 오히려 대인공포가 없는 일반인들이 더욱 말을 잘하기 위하여 하는 훈련에 가깝다. 그러나 발표 훈련을 하면서, 증상 제거보다는 수치 제거에 노력을 집중하면, 대인공포 극복에 크게 도움을 받게 될 것이다.